农产品物流与电商供应链的协同模式研究

刘卫华　著

西南财经大学出版社
中国·成都

图书在版编目(CIP)数据

农产品物流与电商供应链的协同模式研究/刘卫华
著.--成都:西南财经大学出版社,2025.2.
ISBN 978-7-5504-6517-6

Ⅰ.F724.72

中国国家版本馆 CIP 数据核字第 2024TG6468 号

农产品物流与电商供应链的协同模式研究

NONGCHANPIN WULIU YU DIANSHANG GONGYINGLIAN DE XIETONG MOSHI YANJIU

刘卫华　著

策划编辑:王　琳　刘佳庆
责任编辑:刘佳庆
责任校对:廖术涵
封面设计:张姗姗
责任印制:朱曼丽

出版发行	西南财经大学出版社(四川省成都市光华村街55号)
网　　址	http://cbs.swufe.edu.cn
电子邮件	bookcj@swufe.edu.cn
邮政编码	610074
电　　话	028-87353785
照　　排	四川胜翔数码印务设计有限公司
印　　刷	四川五洲彩印有限责任公司
成品尺寸	170 mm×240 mm
印　　张	12
字　　数	237 千字
版　　次	2025 年 2 月第 1 版
印　　次	2025 年 2 月第 1 次印刷
书　　号	ISBN 978-7-5504-6517-6
定　　价	78.00 元

前　言

　　农产品的发展有一套完整的供应链运营体系，以消费者需求为导向，从需求侧向供给侧传导。传导过程分为长、中、短三个阶段。任一阶段都离不开物流的支持，尤其是流通环节，农产品的货损率一直存在。调查表明，苹果等保质期较长的产品货损率为5%左右，生鲜蔬菜水果的货损率一度高达20%。显然，物流与供应链的协同与合作一直困扰着企业。比如，生鲜农产品领域采用O2O模式的企业目前仍处于亏损状态。如何解决企业运营痛点？如何梳理新型运营模式？要解决这些问题必须在理论层面加以创新。

　　事实上，互联网已经在本质上改变了商业规则，从传统的"试用—支付"到"支付—试用"，供应链上产品本身的改变并不大，真正改变的是服务，尤其是物流服务。无论是正向物流还是逆向物流，都因互联网销售行为而受益。在解决支付问题以后，能否通过"产品+质保服务""产品+物流服务"等新型合作模式满足消费者需求？这个问题催生出一个新的理论领域——产品与服务整合，从宏观上讲就是物流与供应链整合。

　　供应链的典型特征有三个：外包、专业化、合作。物流从供应链中独立出来以后，如何服务于供应链上的产品运营主体（供应商、制造商、零售商）以实现"兄弟分家不分心"是双方合作的核心议题。农产品尤其是生鲜产品面临时变需求、物流服务效率要求高的双重压力，供应链与物流服务需要高效协同以制定最优化的运营策略。

　　本书以某市为例，梳理了传统渠道与电商渠道农产品发展现状，尤其关注了电商渠道下生鲜农产品发展存在的问题，提出了农产品发展的供应链策略设计，并对低效的农产品供应链加以改进，基于传统的网络成本共担、补贴等方式进行了实证演绎。同时，从物流角度提出了三种新的供应链协调情形：物流服务不确定性情形、免费保鲜情形、销售覆盖半径情形，探讨了集中决策与分散决策下生鲜供应链的协调问题；基于增强现实（AR）技术，力图研究电商平台、制造商、零售商借助 AR 虚拟展示厅服务带来的运营问题，包括退货、质量、消费者福利等。

在乡村振兴的号角下，"三农"问题亟待加速解决。通过上述方式实现农产品物流与电商供应链的协同是本书写作的重要目标，在电子商务如火如荼发展的新形势下，本书希冀能为农业发展、农民增收、农村富裕做出积极贡献。

刘卫华

2024 年 8 月

目　录

1 绪论

1.1 研究背景与问题提出

1.1.1 研究背景

1.1.1.1 "双背景"的农民和农村结构

当前，农民群体处于乡村振兴和新型城镇化发展的"双背景"下，必须探索新型农民的中坚力量。

农村复兴必须依靠新型农民。习近平总书记在党的十九大报告中提出了乡村振兴战略，包括第二轮土地承包到期后再延长 30 年以及 20 字总体要求"产业兴旺、生态宜居、乡风文明、治理有效、生活富裕"，提出要培养造就一支懂农业、爱农村、爱农民的"三农"工作队伍。

然而，农村人口面临城市化的发展趋势。2019 年 4 月 8 日国家发展改革委发布了 1 亿农村人口市民化的重点群体：在城镇稳定就业生活的新生代农民工、在城镇就业居住 5 年以上和举家迁徙的农业转移人口、农村学生升学、参军进入城镇人口。《广东省新型城镇化规划（2014—2020 年）》明确了广东未来推进新型城镇化的总体目标、重大任务、空间布局、发展形态与发展路径，提出体制机制改革的主要方向和关键举措，是指导全省新型城镇化健康发展的宏观性、战略性、基础性规划。到 2020 年，全省城镇化水平和质量稳步提升，全省常住人口城镇化率达 73%左右，努力实现不少于 600 万本省和 700 万外省农业转移人口及其他外来务工人员落户城镇。培育 2 个 300 万左右的城镇群和一批城区人口超 100 万的中心城市，重点建设 30 万~50 万人的中小城市以及 5 万~10 万人以上的小城镇，成为吸纳农业转移人口的重要载体。到 2023 年年末，广东省常住人口城镇化率已达 75.42%。

1.1.1.2　农产品从专业化外包到供应链合作

事实上，亚当·斯密提出的"分工带来专业化"，彼得·德鲁克提出的"经济链"，迈克尔·波特提出的"价值链"，一直到今天的"供应链"，是一脉相承的。专业化要求公司的部分职能外包，但会造成"母子分家""兄弟分家"，基于竞争的需要又要求整合这些外包的业务，而不是坐视不管，于是供应链诞生了。

专业化外包的最大好处是集成优秀的上下游企业加盟，形成强势的供应链条，在核心企业的主导下实现对竞争对手的超越。然而，上下游企业作为独立的运营个体，往往有着独立的企业文化、发展战略、运营理念、盈利模式，特别是承担生产与营销职能的企业一旦独立外包，使得核心企业面临供应链管理的困难。因为企业的部分职能外包以后，供应链成员间关系发生了重大改变，由过去单一企业内部的行政命令方式转变为多个企业之间的市场机制，由不注重利润转变为利润最大化导向，造成供应链成员间目标不一致。

比如在分销环节，采用供应链渠道最大的好处是迅速提高铺货率，增加产品与消费者见面的机会，但面临的最大困难是供应商与零售商各自的利润最大化带来的供应链效率降低（比如确定性需求下供应链效率为75%）。双重边际效应的理论研究表明，供应链中集中决策显然优于分散决策，实践中海澜之家要求加盟店老板只负责出资，运营方面由总部总管的模式类似于集中决策，而美特斯邦威实行加盟店独立运作的模式类似于分散决策。因此从理论上分析，仅从供应链层面上看，海澜之家更具优势。

1.1.1.3　供应链主导企业与物流服务企业合作的必要性

如前所述，供应链主导企业、平台企业或链主企业需要第三方或第四方物流的协作，尤其对时效性要求较高的生鲜产品。近年来，生鲜电商迅速崛起，以水果生鲜电商为例，从褚时健的橙子、柳传志的猕猴桃，到潘石屹的苹果，电商网络兴起。目前，对于生鲜农产品，为了保障产品的新鲜度，对物流配送的速度有一定的要求，物流成本比较高。另外，在配送的过程中质量保证也很难控制，在高成本高损耗的情况下，企业也缺乏好的运营模式和定位，生鲜农产品的电商发展之路并不好走。目前京东、亚马逊、淘宝、顺丰等纷纷注重生鲜电商产业的发展，投重资建立和完善相关的物流配送体系。从本质上看，电商生鲜农产品需要解决两个关键问题：一是从农产品生产环节到配送环节，如何实现全流程的控制，包括质量、冷链等。二是投入与产出的权衡，要实现一定的利润空间。

以广东省为例，茂名的电商生鲜农产品模式较为经典。第一，搭建农业产业园，这是集群化发展、集约式和规模化的首要环节。通过土地流转、规模化种植、标准化生产等手段，保证了生产链条的质量控制。第二，物流环节外包。类似于物流中转站，顺丰提供了 300 个采收点，搭建了物流配送中心，实现了在配送中心内全自动化分拣，然后通过顺丰货机实现了次晨达。第三，电商平台销售对接。通过与淘宝、天猫、京东等大的销售平台合作，同时兼顾微商、微店等小众平台，遍地撒网。

1.1.2 问题提出

物流活动最初由供应链企业自营，随后在外包和信息技术的发展下独立出来。然而，外包后的物流活动仍然需要供应链监管，正如"兄弟分家不分心"一样，双方需要深度融合才能真正满足顾客需求。凯特（Kate）等[①]提出的 Vested Outsourcing 理论深化了人们对外包双赢的认知。

然而，物流与供应链的协同与合作一直困扰着企业实践。比如，生鲜农产品领域的 O2O 模式目前仍处于亏损状态，自 2021 年第三季度以来，京东已连续亏损三个季度，总金额已超百亿[②]。解决企业运营痛点、梳理新型运营模式必须在理论层面加以创新。高志军等[③]认为，格兰诺维特镶嵌理论、专业分工理论、系统经济学理论是物流企业嵌入全球供应链的基础性理论。遗憾的是，上述理论未能在企业间深度合作方面实现突破，尤其是在智慧互联时代物流与供应链高度相关联的情形下。

事实上，互联网已经在本质上改变了商业规则，从传统的"试用—支付"到"支付—试用"，供应链上产品本身的改变并不大，真正改变的是服务，尤其是物流服务。无论是正向物流还是逆向物流，都因互联网销售行为而受益。在解决支付问题以后，能否通过"产品+物流服务"等新型合作模式满足消费者需求？这个问题催生出一个新的理论领域——供应链与物流服务整合。

---

① KATE V, MIKE L. Vested outsourcing: a better way to outsourcing [J]. Supply Chain Management Review, 2009, 18 (9): 20-27.

② 京东一季度亏损近 30 亿，618 能否成为新任 CEO 徐雷的"翻身仗"？[EB/OL].(2022-05-30)[2023-6-10]https://3g. 163. com/dy/article/H8KJHD300534T0DX. Html.

③ 高志军，张萌，邵晴晴.第三方物流嵌入全球供应链的系统协同演化机理 [J].系统科学学报，2021, 29 (2): 105-110.

1.2　研究目标与研究意义

1.2.1　研究目标

以农产品为研究对象，由农产品产供销环节组成供应链，并关注物流服务。在分析农产品季节性、易腐性、时滞性的基础上，结合某市农产品物流、电商供应链的发展现状及存在的问题，尤其是立足 O2O 生鲜电商普遍亏损的现实，发现了农产品物流与电商供应链协同的价值。

由此，从一般意义上探索农产品物流与电商供应链协同的方法、模式等成为本书的研究目标。笔者希望在物流和供应链环节同时发力、同步发力、协调发力，在效率提升、利润目标达成两方面都获得较好的表现。

1.2.2　研究意义

1.2.2.1　理论意义

当前，学术界开展供应链与物流的协同研究较少。供应链端是商流的聚集地，汇集了诸多供应商、制造商、零售商，他们通过合同签订形成了利益共同体，这是经过原料、设计、制造，并达成"从无到有"的产品形成过程。而物流本身并不改变产品性状，只是商品流通过程。

高效实现农产品的生产离不开供应链的支撑，高效实现农产品的流通与消费离不开物流业的支撑，二者如何协同？本书分析了电商供应链的优势，从网络信息成本共担、农产品供应链补贴、合同激励、AR 技术支持等多个方面，力图探索二者协同的方式方法，开辟了学术研究的新领域，为后续的学术研究能提供一定的借鉴。

1.2.2.2　现实意义

实现农产品物流与电商供应链的高度协同，将为农业领域产供销合作探索新路，为生鲜农产品通过电商平台进入千家万户，实现农超对接、农户对接提供便利。这是一个值得探索的新兴领域。尤其是在乡村振兴、新型城镇化、城乡融合的大背景下，能实现生鲜 O2O 社区电商、农村合作社两类载体有机协调，共同促进农产品领域大发展、大繁荣，共同壮大全国统一农产品大市场。

1.3 研究内容

本书共有 10 章，主要内容如下：

第 1 章为绪论。主要介绍本书的研究背景及问题、研究目标、研究意义、研究内容、研究方法、技术路线、创新之处等，从总体上对本书的研究做出概括。

第 2 章至第 3 章对研究对象的现状进行阐述。分别从学术方面、企业实践方面对国内外研究现状、农产品发展现状进行阐述，从而提炼本书研究的话题，论述其重要性。

第 4 章为农产品发展的供应链设计策略。从供应链、时间两个维度，设计了短期、中期、长期农产品供应链发展的步骤和流程，并对该供应链的稳定性进行评价，希望发现农产品供应链成长的规律和轨迹。

第 5 章梳理了传统的供应链协调方式，一个是信息角度的，供应商与订货商网络信息成本共担；另一个是三级供应链中成员相互补贴方式。上述两种方式都局限于供应链内部，与其他方式的结合不够。尤其是当前农产品、生鲜农产品产供销失衡的关键原因并不是这两个方面。

第 6 章至第 8 章为基于物流服务的供应链协调方式。第 2 章至第 4 章明晰了当前农产品的核心痛点——物流服务水平低，尤其是生鲜农产品保鲜服务不到位。面对物流不确定性、保鲜服务合同、销售半径决策三个优化问题，本部分内容建立优化模型，给出了分析结果和政策建议。

第 9 章至第 10 章为基于 AR 技术的供应链协调方式。首先分析了供应链成员使用 AR 的利与弊，尤其是对产品质量和社会福利的影响；其次通过虚拟展示厅技术，挖掘在线双渠道（无 AR、有 AR）的新型特征，并通过研究以规避消费者搭便车行为。

第 11 章为结论与展望。该部分对全书内容做出了系统性的总结与提炼，并给出了一定的政策建议和管理启示。同时，对本书的不足之处和未来的进一步研究做出思考和展望，为后续的学术研究和企业实践、政府决策等提供一定的思路和借鉴。

1.4 研究方法与技术路线

1.4.1 研究方法

1.4.1.1 文献整理法

通过查阅知网、万方、Web of Science、Informs、百度文库等网络数据库资源，并重点查阅了 *MS*、*OR*、*EJOR* 等管理类权威期刊有关供应链、物流、信息技术等方面的文献，笔者总结归纳了现有的研究视角、研究内容、研究方法，确定了本书的研究主体和框架。

1.4.1.2 模型构建法

在考虑供应链变量的基础上，本书分别建立了供应链变量与物流服务不确定性、保鲜服务、销售半径决策、AR、虚拟展示厅等的联合优化模型。数理模型能简明扼要地展示变量之间的关系，消除了细枝末节的干扰，形成了研究的主干。

1.4.1.3 仿真分析法

对于上述模型，如不能求得解析解，为了直观说明模型解的特征，采用 Matlab 软件对模型中的结论进行验证，并通过图表的形式展现出来，使图表中的趋势更加清楚，从而为提炼管理意义、揭示管理策略奠定基础。

1.4.2 技术路线

从总体上看，本书技术路线见图 1.1，可以分为三个部分：

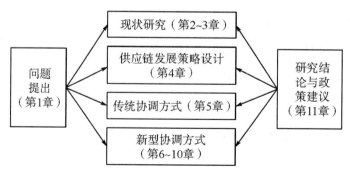

图 1.1 技术路线

1.5 创新之处

基于农产品领域发展不足、参与主体亏损的现实，本书重点探讨了通过物流与电商供应链合作实现农产品高质量发展的问题，通过实证分析和模型建构，论述了合作协调的方式方法，体现了合作的价值所在。具体的创新点如下：

（1）发现了考虑物流服务时供应链与物流合作的价值。分别考虑了物流不确定性、保鲜服务两类情况建模分析，尤其对生鲜农产品的管理运作颇具价值。

（2）探索了社区生鲜电商供应链定价与销售半径联合优化的可能性，发现了定价与物流服务联合优化的价值所在，为O2O生鲜电商决策提供了学术支持。

（3）构建了AR技术引入供应链的方式方法，为智慧供应链运营管理决策提供了新的思路，在解决退货问题的启发下，为消费者提供了虚拟使用便利，以增强消费黏性、提升效率。

2 国内外文献综述

2.1 农产品物流与供应链研究

2.1.1 农产品供应链的结构

自普拉巴卡尔·盖尔等[1]首次提出一些商品存在随时间变质（价值下降）的特征，随后学术界中有关生鲜产品研究渐渐展开。

从供应链角度看，最初的生鲜农产品供应链研究围绕主导企业展开。方昕[2]指出，以超市为核心的生鲜农产品供应链是未来发展的典型趋势。李季芳[3]倡导以加工商贸企业、物流企业为核心的生鲜供应链新模式。宋孟丘等[4]给出了基于政府主导、农村专业合作社为核心的电子商务模式。但斌等[5]提出了消费众筹的"互联网+"生鲜农产品供应链预售模式。随着卡雄[6]发表供应链协调的经典文献，生鲜农产品的研究也涉及供应链协调层面。但斌等[7]用生鲜农产品新鲜度构建价值损耗函数，考虑生鲜农产品

① GHARE P., G. SCHRADER. A model for exponentially decaying inventories [J]. Journal of Industrial Engineering, 1963, 14: 238-243.

② 方昕. 生鲜供应链现状与发展方向分析 [J]. 商业经理人, 2001 (9): 45-46.

③ 李季芳. 我国生鲜农产品供应链管理思考 [J]. 中国流通经济, 2007 (1): 17-19.

④ 宋孟丘, 黄小庆. 基于合作社的农村电子商务发展探讨 [J]. 商业时代, 2014 (26): 75-77.

⑤ 但斌, 郑开维, 邵兵家. 基于消费众筹的"互联网+"生鲜农产品供应链预售模式研究 [J]. 农村经济, 2017 (2): 83-88.

⑥ CACHON G. Supply chain coordination with contracts [J]. Handbooks in Operations Research and Management Science: Supply Chain Management, 2003, 11: 229-339.

⑦ 但斌, 陈军. 基于价值损耗的生鲜农产品供应链协调 [J]. 中国管理科学, 2008, 16 (5): 42-49.

在价值损耗和实体损耗情形的供应链协调。颜波等①采用物联网环境技术，构建了生鲜农产品三级供应链协调模型。王洁②研究了考虑公平偏好情形的生鲜农产品供应链运作协调机制。

2.1.2　农产品物流研究

从物流角度看，格罗威尔（Growell，1901）在《农产品流通产业委员会报告》中对农产品配送成本的费用构成和影响因素的分析成为农产品物流研究的开端。

从供应链角度看，供应链中的库存哪一方持有更加科学？米什拉和拉古纳坦③（Mishra & Raghunathan，2004）认为，供应商之间的竞争使得供应商必须保持充足的库存，以预防库存不足使消费者去购买替代产品，因此供应商管理库存更有利，而且能使零售商获益，节约了零售商的库存持有成本。金④（Kim，2008）则认为米什拉和拉古纳坦的结论不一定成立，是否应该持有库存取决于三个因素：零售商和供应商的边际利润、库存持有成本的高低、产品品牌竞争的程度。陈彦等⑤（Chen FY el at.，2005）通过数学实验方法，模拟了网络零售商在自己持有库存和外包库存两类模式下的最优选择。金磊等⑥采用动态库存配给模式，探讨了网络渠道与实体店的库存冲突问题，认为网络渠道与实体店共享库存是较好的解决方案。

谢如鹤等⑦运用协同学和自组织理论分析冷链物流系统自组织化过程。熊懿⑧对生鲜农产品的冷链物流销售环节进行了风险评价并提出防范建议。

① 颜波，叶兵，张永旺. 物联网环境下生鲜农产品三级供应链协调 [J]. 系统工程，2014，32（1）：48-52.

② 王洁. 公平偏好下生鲜农产品供应链的运作协调机制研究 [M]. 无锡：江南大学，2022.

③ MISHRA B K, RAGHUNATHAN S. Retailer - vs. vendor - managed inventory and brand competition [J]. Management Science, 2004, 50 (4)：445-457.

④ KIM H S. Research note—Revisiting "Retailer-vs. vendor-managed inventory and brand competition" [J]. Management Science, 2008, 54 (3)：623-626.

⑤ CHEN F Y, HUM S H, SIM C H. On inventory strategies of online retailers [J]. Journal of Systems Science and Systems Engineering, 2005, 14 (1)：52-72.

⑥ 金磊，陈伯成，肖勇波. 双渠道下库存与定价策略的研究 [J]. 中国管理科学，2013，21（3）：104-111.

⑦ 谢如鹤，刘广海. 冷链物流 [M]. 武汉：华中科技大学出版社，2017.

⑧ 熊懿. 生鲜农产品冷链物流销售环节风险评价与防范研究 [J]. 价格理论与实践，2022（11）：189-192.

王秀燕等①在新零售背景下剖析了生鲜农产品流通困局，提出了有效的改进策略。

2.2 物流与供应链关系研究

2.2.1 有关物流与供应链从属关系的研究

Leenders 等②指出，"物流管理或供应链管理是一种组织战略"。然而，双方关系研究仍然缺乏。直到 2002 年，Larson 等③指出物流与供应链有四种从属关系：传统关系、重新标记、联合关系以及相互干涉（见图 2.1）。这一表述成为后来研究范式。

图 2.1 物流与供应链的四种从属关系

2.2.2 有关物流整合、供应链整合方式的研究

Stock 等④指出，"物流整合与供应链结构的匹配程度有望影响企业的绩效"。Stock 等界定的"匹配程度"和本书的"协同"一脉相承，Stock 等给出了物流整合（见图 2.2）、供应链整合（Jarillo & Ricart，1987；Jarillo，1988；Thorelli，1986；Pow-ell，1990）几种方式（见图 2.3）。当前，学界在物流与供应链领域的整合方面获得了进一步发展。

---

① 王秀燕，张宇. 新零售背景下生鲜农产品流通困局及改进策略［J］. 商业经济研究，2022（12）：29-32.

② LEENDERS M R, FEARON H E. Purchasing and supply management ［M］. 11th. Irwin, Chicago, IL, 1997.

③ LARSON P D, HALLDORSSON A. What is SCM? And, where is it? ［J］. Journal of Supply Chain Management, 2002, 38（4）：36-43.

④ STOCK J R, LAMBERT D M. Strategic logistics management ［M］. 4th. McGraw-Hill Irwin, Boston, MA, 2001.

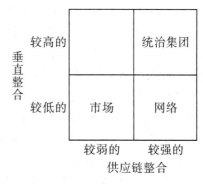

图 2.2　物流整合　　　　　图 2.3　供应链整合

2.2.2.1　第四方物流的整合模式

在物流领域，一般认为供给方是第一方，需求方是第二方，承担部分物流功能的是第三方，以平台形式整合整个供应链，以货主的总承包商身份出现的物流形式叫第四方。

第四方物流的概念由埃森哲咨询公司于 1998 年首次提出。埃森哲公司约翰·加特托纳（John Gattorna）指出：“第四方物流是指一个供应链集成商，它对公司内部和具有互补性的服务供应商所拥有的不同资源、能力和技术进行整合和管理，提供一整套供应链解决方案”。随后，肯·阿克曼（Ken Ackerman，2000）在阐述如何选择第三方物流时，提出了十四个评价标准，其中包括库存管理与控制能力、订单处理能力、增值服务能力、信息交互能力和采集能力、预测能力、货物提示跟踪等；刘和吴（Hoong Chuin LAU & YamGuan GOH，2002）[1] 探讨了基于网络技术的多阶段第四方物流系统优化；韦伯和查尔斯（Weber & Charles，1996）[2] 分析了从第四方物流到供应链管理模式的转变；乔恩·邦斯特德和肯普顿·卡农（Jon Bumstead & Kempton Cannons，2002）[3] 对 3PL 和 4PL 进行了比较，指出4PL 是对 3PL 功能的优化升级。国外采用第四方物流模式的企业非常多。

---

[1]　HOONG CHUIN LAU, YAM GUAN GOH. An intelligent brokering system to support multi-agent web-based 4th party logistics. Proceedings of the 14th IEEE International Conference on Tools with Artificial Intelligence（ICTAI'02）［J］. Washington DC，2002：154-161.

[2]　WEBER，CHARLES A. A data envelopment analysis approach to measuring vendor performance［J］. Supply Chain Management. 1996，1（1）：28-30.

[3]　JON BUMSTEAD，KEMPTON CANNONS. From 4PL to Managed Supply-Chain Operations［J］. 2002，5.

　　国内学者对第四方物流的研究成果颇多。吴玮、倪卫红（2005）[①] 探讨了第四方物流的运作模式，特别分析了动态联盟型物流运作模式，这是由市场机会其所驱动，通过信息技术相连接的，在某个时期内结成的供应链管理联盟，指出了 4PL 的核心竞争力有物流运作能力、物流管理和供应链环节协调处理能力、供应链体系的创新能力；吕玉明（2005）[②] 探讨了第四方物流信息系统的构建，指出支持第四方物流的供应链管理信息系统面临的最重要问题是多企业系统的分布性与异构性，论证了供应链管理与第四方物流的关系及第四方物流信息系统的计算机解决方案；江涛涛（2007）[③] 从增加货主企业收益、降低货主企业总成本、增加社会价值三个方面分析了第四方物流的价值，并分析了价值创造的途径：基于外包的价值创造、基于价值链的价值创造、基于知识资本的价值创造。

　　2.2.2.2　有关物流与供应链整合机制的研究

　　徐章一（2004）[④] 较早探讨供应链一体化的物流敏捷化实现机制，目前京东正在实践一体化供应链模式。戴斌等（2007）[⑤] 基于供应链管理思想，对传统物流业务流程进行重组研究。伊恩·萨德勒（Ian Sadler）出版 *logistics and Supply chain integration* 一书。黄超等（2015）[⑥] 从供应链管理的角度出发，指出制造业与物流业的协同合作的四个影响因素：推动、互动、管理者及障碍。杨路明等（2019）[⑦] 探讨了农产品供应链中物流与电商的协同机制。卡瓦略（Carvalho）等[⑧]（2014）从战略服务和价值创造视角，阐述物流与供应链整合的价值所在。龚凤美等（2008）[⑨] 基于 3PL-HUB 框架，探讨了供应链物流协同组织运作的管理技术。

------

①　吴玮，倪卫红. 第四方物流运作模式及核心竞争力研究 [J]. 经济师，2005（10）：62-64.

②　吕玉明. 供应链管理与第四方物流研究 [D]. 南京：东南大学，2005.

③　江涛涛. 论第四方物流企业价值创造的途径 [J]. 供应链，2007（1）：78-79.

④　徐章一. 基于供应链一体化的物流敏捷化实现机制研究 [D]. 武汉：华中科技大学，2004.

⑤　戴斌，何建敏. 基于供应链管理的传统物流的业务流程系统重组 [J]. 现代管理科学，2007（4）：02.

⑥　黄超、杨茜. 基于供应链管理的制造业和物流业协同合作研究 [J]. 物流科技，2015（6）：97-100.

⑦　杨路明，施礼. 农产品供应链中物流与电商的协同机制 [J]. 中国流通经济，2019（11）：40-53.

⑧　CARVALHO J, MARTINS A L, RAMOS T, et al. Strategic fast supply demand-chains in a network context：opportunistic practices that can destroy supply chain systems [J]. American Journal of Industrial & Business Management, 2014, 4（3）：123-133.

⑨　龚凤美，马士华. 基于3PL-HUB 的供应链物流协同组织运作管理技术 [J]. 物流技术，2008, 27（2）：85-88.

2.3 产品与服务整合的捆绑模式研究

自伯斯坦（Burstein，1960）等[1]开启捆绑研究以来，产品与产品之间捆绑模型日益成熟。亚当斯（Adams，1976）等[2]第一次对产品捆绑问题做出了科学的分类，以电话公司收费为例，如果只收取固定的月租即是纯捆绑模式（pure bundling）；如果既收取固定的月租，又收取通讯服务费即为混合捆绑（mixed bundling）。这种分类已成为需求侧（零售商具有捆绑权，捆绑产品卖给消费者）捆绑销售的范式。

由于消费者需求分散且个性化，捆绑行为往往难以奏效。企业的捆绑行为从需求侧转移到供给侧，而供应商与制造商的利益同盟关系促成了供给侧捆绑的可行性。在供给侧（供应商具有捆绑权，捆绑产品卖给零售商），斯蒂格勒（Stigler，1963）[3]研究了电影公司强迫电影院同时购买《飘》与《古蒂的惩罚》的情形。随后，帕斯捷尔纳克（Pasternack，1991）等[4]把捆绑搭售的思想应用于供给侧，考虑了两产品的单周期随机模型。假设随着需求的增加产品之间可以相互替代，并对比了产品替代前后的库存水平差异，但并未研究供应商、零售商的分散决策。然而，由于双重边际效应的存在，刘卫华（2019）等[5]的研究表明供给侧产品之间的捆绑往往会造成更大的供应链冲突，供应商自身的利润往往难以保证。

随后，在各国《反垄断法》影响下捆绑研究拓展到"产品+服务"领域。桑德拉·范德默韦（Vandermerwe S，1988）等[6]指出服务化的本质，

① BURSTEIN M L. The economics of tie-in sales [J]. The Review of Economics and Statistics, 1960, 42 (1): 68-73.

② ADAMS W, YELLEN J. Commodity bundling and the burden of monopoly [J]. The Quarterly Journal of Economics, 1976, 90 (3): 475-498.

③ STIGLER G J. United States v. loew's inc.: a note on block-booking [J]. The Supreme Court Review, 1963: 152-157.

④ PASTERNACK B A, DREZNER Z. Optimal inventory policies for substitutable commodities with stochastic demand [J]. Naval Research Logistics, 1991, 38 (2): 221-240.

⑤ 刘卫华, 于辉. 供应商捆绑销售策略下的供应链冲突分析 [J]. 系统工程学报, 2019, 34 (6): 820-830.

⑥ VANDERMERWE S, RADA J F. Servitization of business: adding value by adding services [J]. European Management Journal, 1988, 6 (4): 314-324.

即制造企业从提供产品或附加服务向产品服务一体化转变。玛索（Marceau，2002）等①指出，在产品和服务捆绑方面，企业有三种重要战略：产品和服务整合、产品与服务捆绑、服务型企业。卡梅什瓦兰（Kameshwaran，2009）等②研究供应商把耐用品与售后维修服务捆绑，基于垄断或双寡头市场结构给出决策框架和定价策略，成为产品与服务捆绑经典文献。

2.4 平台企业研究

2.4.1 基于网络外部性的平台企业研究

迈克尔·卡茨和卡尔·夏皮罗（Michael Katz & Carl Shapiro，1985）给出了较正式的网络外部性定义：随着使用同一产品或服务的用户数量的变化，每个用户从消费此产品或服务中所获得的效用的变化。网络外部性实质上是网络规模扩大过程中的一种规模经济，不过与产生于供给方面的传统规模经济不同的是，这种规模经济产生于市场的需求方面，因此网络外部性也被称为需求方规模经济。目前，学术界把网络外部性分为直接网络外部性和间接网络外部性。直接网络外部性是指网络内用户之间的直接联系而产生的外部性；而间接网络外部性则是指市场中介效应，即通过对互补产品种类、数量、价格的影响，而对原有产品用户产生的外部性。一般认为双向网络具有直接网络外部性，比如电话、互联网游戏，参与双方可以直接联系，相互带来外部性影响。而单向网络具有间接的网络外部性，比如电视平台，用户和节目之间只有通过电视才能实现互动，这种只有通过中介才能产生联系的属于间接联系。

2.4.2 基于双边市场的平台企业研究

罗切特和蒂罗尔（Rochet & Tirole，2003）、凯尔·劳德和杰森（Cail-

---

① MARCEAU J, MARTINEZ C. 2002. Selling solutions：Product-service packages as links between new and old economies ［C］//DRUID Summer Conference on 'Industrial Dynamics of the New and Old Economy-who is embracing whom.

② KAMESHWARAN S, VISWANADHAM N, DESAI V. Bundling and pricing of product with after-sale services ［J］. International Journal of Operational Research，2009，6（1）：92-109.

laud & Jullien, 2003）以及阿姆斯特朗（Armstrong, 2004）等对双边市场的研究做出了开创性工作。双边市场理论形成的主要标志是 2004 年在法国图卢兹召开的，由国际产业经济研究所（DEI）和政策研究中心（CEPR）联合主办的双边市场经济学会议①。

常见的双边市场的例子有报纸、信用卡、操作系统等。罗切特和蒂罗尔（Rochet & Tirole, 2006）提出了一个双边市场的定义："如果通过提高向一边的收费，同时同等程度地降低向另一边的收费，平台可以改变交易量，则称这一市场是双边市场。"加布舍维奇和沃蒂（Gabszewicz and Wauthy, 2004）通过一个纵向差异化的模型考虑了参与者类型不同，存在多重注册，同时平台只向参与者收取注册费的情形。罗切特（Rochet, 2007）等探讨了学术期刊的定价问题，即应该向作者收费还是向读者收费，不同的定价模式对期刊质量的影响。传统的期刊定价模式是读者付费，但近来兴起的一个趋势是，读者免费阅读而作者付费。阿姆斯特朗（Armstrong, 2004）还认为，在平台企业中除了交易双方外，如果还存在其他"交易方"，则可以称为"多边市场（multi-sided markets）"。现实中双边市场比较常见，国内学者对双边市场及平台理论的研究正如火如荼地进行。刘启、李明志（2008）② 对双边市场与平台理论的研究进行了综述，基于交易中介、媒体、支付工具、软件平台四种类型的平台分别举例说明，案例主要来自国外学者的研究。杜洪涛（2009）③ 通过对公共技术服务平台的理论基础、大学科技园及其创新系统和公共技术服务平台与大学科技园创新系统关系的有关理论研究成果进行分析，把公共技术服务平台置于大学科技园这一区域创新系统下进行实证研究，是对科技园区创新系统理论的进一步深化。易法敏（2010）④ 从分类、中介机制、交易机制和风险控制

---

① 王娜，谭力文. 双边市场：一个概念性的文献综述 [J]. 兰州商学院学报，2010，26（2）：26-33.

② 刘启，李明志. 双边市场与平台理论研究综述 [J]. 经济问题，2008，（7）：17-20.

③ 杜洪涛. 大学科技园公共技术服务平台理论研究综述 [J]. 中国高校科技与产业化，2009（6）：60-62.

④ 易法敏. 电子商务平台理论综述 [J]. 商业研究，2010（2）：205-208.

四个方面对电子商务理论平台进行了综述。尚秀芬①、胥莉②、陈宏民③描述了双边市场的含义、特征、研究进展，并对平台厂商的定价策略及所有权结构进行了分析。

2.5 文献总结和述评

前述文献对供应链运营层面进行了较多探索，但我国农产品双渠道仍然面临传统渠道不畅、O2O平台亏损严重的现状。基于农产品季节性、易腐性、保质期短等典型特点，我们需要加强物流环节支持，并与供应链层面进一步联合优化设计，达到高质量供应链、高效物流协同的双赢局面。

---

① 尚秀芬，陈宏民. 双边市场特征的产业竞争策略与规制研究综述 [J]. 产业经济研究，2009 (4)：89-94.

② 胥莉，陈宏民，潘小军. 双边市场特征的产业中厂商定价策略研究 [J]. 管理科学学报，2009 (5)：10-17.

③ 尚秀芬，陈宏民. 双边垄断和竞争平台非对称所有权结构研究 [J]. 系统工程学报，2009 (4)：509-512.

3 传统渠道与电商渠道
农产品发展现状[①]

3.1 传统农产品现有发展模式

以广东省湛江市为例,传统农产品形成了生产型、产业引领型、旅游型、综合型四类主要的发展模式,取得了较好的效果。

3.1.1 生产型模式——壹号土猪养殖模式

业内专家分析,以专业户和小型养猪场占主导地位的养猪行业不能有意识地规避产业周期的风险,预计在未来相当长时期内,国内的养猪业还会经历上涨下跌再上涨再下跌的循环周期。壹号土猪公司 2006 年开始进入养猪行业,就走出了一条与众不同的独特商业模式。摒弃原先只管生产不管流通的传统养猪模式,公司一方面统一筹建猪栏与农户合作养土猪,另一方面在终端树立品牌做市场。为保持壹号土猪独有的土猪种、土饲料、土方法"三土"优越性,公司采用传统的玉米、麦皮、豆粕等土饲料,采用传统的长时间养殖办法,委托农户在自建的基地上进行养殖,种苗、饲料和技术服务由壹号土猪公司统一提供,以高于农户养殖的成本价收购生猪,主动帮助农民规避了市场风险。

3.1.2 产业引领型模式——稳村扶贫模式

调研发现,扶贫工作队在三年的工作实践中,结合稳村实际,集思广

---

① 本章内容为笔者参与的项目的成果。

益、奋勇向前，探索出一套党建引领乡村振兴的工作方案。通过发挥党组织的力量，凝聚党组织、村集体、合作社三方力量，实现了稳组织；通过发挥政府的力量，从建立扶贫人、财、物管理制度，以公共服务项目为引领两个方面，实现了稳公共服务；通过发挥制度的力量，从村集体用地机制、贫困户股东分红机制、"七村六共享"协同发展机制三个方面，实现了稳机制；通过发挥市场的力量，从稳村资源禀赋、番薯主导产业、战略合作伙伴、电商销售平台四个方面，形成了"产业引领型"精准扶贫新模式，实现了稳产业；通过发挥团队的力量，从乡贤文化、企业文化、稳村文化三个方面，实现了稳文化；通过发挥战略的力量，从与高校共建共享、高标农业示范基地和乡村旅游基地两个方面，实现了稳预期。

稳村农业专业合作社先后与万合隆农牧有限公司、"智邻中心"公司签订《稳村番薯经营协议书》，将稳村大量番薯供给公司，由公司提供资金经营"稳村番薯"，收购、营销费用全部由公司承担，保证了合作社的收入来源。注册"稳村番薯"微信公众号、微店、销售手机号（微信号），在京东商城廉江馆（橙香味道）、湛江日报·微信商城"湛报优鲜"等平台设立电商销售渠道。稳村形成了"公司+'村集体+贫困户'农业专业合作社+基地+农户+'双订单'（收购订单、认购订单）"的模式，落实收入"双保障"，做到了村集体、贫困户、全村种植户"三增收"，实现了稳产业。这种模式我们称之为"产业引领型精准扶贫模式。"

3.1.3 旅游型模式——生态旅游模式

众所周知，湛江农业仍然在经济结构中占据重大比例，传统农业利润率十分有限，对于湛江地区生产总值的增速影响也有限，然而，当旅游业与农业结合起来，就形成了观光旅游、休闲旅游、农家乐等全新创收模式，在增加湛江经济总量的同时也优化了经济结构。湛江红树林自然保护区面积1.9万公顷，1990年经广东省人民政府批准建立，1997年晋升为国家级自然保护区，主要保护对象为红树林生态系统。红树植物有12科、16属、17种，是除海南岛外我国红树植物种类最多的地区，保护区内拥有数量和种类众多的鹤类、鹳类、鹭类等水禽及其它湿地动物。湛江市经开区东简街道北坡村，凭借紧邻钢铁基地、中科炼化、巴斯夫等大企业、生态禀赋突出等优势，全力打造"后花园"，以旅游经济推进乡村振兴和美丽宜居村创建。村民投身于宜居乡村建设，拆墙扩路，拆掉危房建成公园，兴建文化楼休闲广场，见缝插针种树，日益把全村建成绿意盎然的生态村庄。在体育文化方面，坡头区南三镇被确定为全国运动休闲特色小镇第一批试点项目，是粤西地区本次唯一入选的镇。

3.1.4 综合型模式——田园综合体模式

国家热带农业科技园（广东农业公园）是广东省雷州半岛现代农业示范核心区中的核心。该园区位于遂溪县城月镇 207 国道旁，距湛江市区 30 公里，面积六百多公顷，是经国家农业农村部、广东省人民政府批准，垦地合作共建的国内首个热带农业科技。该园区以现代农业展示、科技示范推广、科普教育体验为轴线，集休闲旅游度假、生态观光采摘、绿色消费娱乐等为一体，是具有热带亚热带景观特色的农业公园。其与中国科学院、中国热带农业科学院、中国航天五院、华南农业大学、广东省农业科学院等科研单位的合作项目陆续落户该园区，已带动垦区及周边农村地区发展近 2 万亩优质果蔬。在"2017 中国十佳特色田园综合体排行榜"里，湛江广东农业公园榜上有名，成为本次广东入选的唯一代表。

3.2 电商渠道下传统农产品发展存在的问题

本部分内容是在笔者所在项目组去广东省湛江吴川市黄坡镇稳村、徐闻、茂名、粤东潮州等农业产业园调研的基础上，通过资料收集、网上问卷等形式进行调研，通过抽象思维和问题提炼得到的。

3.2.1 农业组织层面的问题

（1）规模化不足

典型表现是产业园少、合作社粗放式发展、家庭农场覆盖面积不足。

近年来，湛江市委市政府高度重视农业产业园建设。2017 年，广东农垦湛江垦区现代农业产业园是全国唯一一家获批创建国家现代农业产业园的国有农业企业。2018 年第二批国家现代农业产业园认定名单中，有广东省徐闻县现代农业产业园、广东农垦湛江垦区现代农业产业园。湛江占两席，数量在广东省内位居第一。2019 年第一批广东省级现代农业产业园名单中，湛江市有 3 个，坡头区莲藕产业园、吴川市生猪产业园、徐闻县良姜产业园。然而，相比于湛江农业的生产规模，产业园数量上仍然不够多、质量上仍然不够高、产值和市场占有率仍然有较大提升空间。

从合作社方面看，湛江市级示范合作社是指按照《中华人民共和国农民专业合作社法》《农民专业合作社登记管理条例》等法律法规成立，并经市场监管部门依法注册，达到《湛江市农业局关于湛江市市级农民专业合作社示范社评定及监测办法（试行）》规定的标准，并经湛江市农业局组织评定的农民专业合作社。截止到2018年10月，在各级工商部门登记注册的湛江市农民专业合作社共有3 946家，登记在册成员7万余人，其中国家级农民专业合作社18家，省级农民专业合作社106家，市级农民专业合作社151家。从数量上看，合作社已初具规模，但面临人才匮乏、管理水平落后，制度松散、组织管理不严；保障不足、外部环境不佳，竞争激烈，品牌建设不足等问题。

家庭农场方面看，家庭农场是以农户家庭为基本生产经营单位，以农户家庭成员为主要劳动力，以农业为主要收入来源，从事农业集约化、商品化及适度规模化生产经营，达到一定经营规模并相对稳定的新型农业经营主体。2018年度市级示范性家庭农场仅19家，2017年度仅25家，2016年度仅33家。

（2）产业化不足

典型表现是大型法人企业少、土地流转规模有限，农业大型机械等不足。

产业化的主要推动力量是法人企业。根据《湛江市重点农业龙头企业申报认定与监测管理办法》有关规定，截至2019年年底湛江市重点农业龙头企业共178家。其中，2019年度仅新增17家，2018年度仅新增26家。农业类上市公司，目前只有湛江国联水产开发股份有限公司一家。

截至2015年，湛江市农村土地通过租赁、转包、转让、互换、入股和其它流转形式，流转耕地176万亩，占全省流转耕地的12%。但由于季节性丢荒、农村劳动力缺乏、自然条件限制等，农村还存在大量丢荒耕地，主要分布在雷州西南、廉江西部沿海以及吴川黄坡、板桥等镇。《湛江市乡村振兴战略实施方案（2018—2020年）》提出，"加强农村宅基地管理，推动农村集体经营性建设用地入市，争取开展农村宅基地入市试点，实现农村土地健康流转"。这说明农业土地流转还有很大可被挖掘的潜力。

土地流转不足带来的是农业大型机械使用不足。比如，甘蔗收割时，人工 1 人/天不停收割，最多不超过 3 吨；而采用甘蔗收割机，一部中小型收割机，一天至少就能收割近百吨。2017 年全市农作物综合化机械水平达 48.51%，水稻综合机械化率达 73.32%，甘蔗综合机械化率达 35.92%。

（3）市场体系不健全、缺少有影响力的批发市场

批发环节少，在生产与零售中间，缺少批发市场，尤其是缺少中介机构。一度占全国对虾 2/3 份额的霞山水产品批发市场，采用的"中介代理"方式是当时全国先进的交易模式。在供应链的基础理论中，渠道和中介是非常重要的一环，中介最关键的作用是与供需双方建立关系，使商品不至于出现滞销、无人问津等异常情况。目前，湛江的一部分对虾生产企业已经全渠道覆盖，与大型连锁餐饮实行深度研发合作，形成全年稳定供应；或与 B 端食材型工厂合作，研发、生产半成品食材；还有一部分企业正在扩大全国销售网络，做精做专产品线，努力推广自己的终端品牌。

湛江作为我国"南菜北运"五大生产基地之一，把价格中心、信息中心、物流中心融为一体的大型批发市场仍然较少。个别市场作为中小企业，面临融资困难。

（4）电商淘宝镇、淘宝村仍然不够多

南京大学空间规划研究中心、阿里研究院研究结果显示，2022 年，全国"淘宝村"数量达到 7 780 个，新增 757 个；"淘宝镇"数量达到 2 429 个，新增 258 个，数字经济与乡村深度融合仍然具有较大潜力。

电商淘宝镇淘宝村方面，阿里研究院计算阿里平台数据以及地方政府统计网店信息、平台验证数据确定的淘宝镇名单数据显示，广东有淘宝镇 283 个（2021 年为 254 个），总数位居全国第 4。广东共有淘宝村 1 466 个，总数位居全国第 2。从数据上看，与广东经济占全国比重看，淘宝镇淘宝村数量仍然不够多，需要进一步提升。

3.2.2 农业营销层面的问题

（1）双渠道中电商比例低

O2O 的双渠道模式，是线上线下融合的典型方式。从市场份额看，一个区域、行业、企业的销售中，双渠道的比例总是均衡发展的。很多过去只做电商的企业也开始做传统渠道，比如三只松鼠公司，做传统渠道的开拓电商业务的企业就更多，比如众多批发市场转型、零售商转型兼做电商业务等。

目前，湛江市中小企业、农民专业合作社等利用淘宝中国特色馆、京

东特产馆、邮乐网等第三方平台开展线上交易。目前，各大电商平台分别开通了中国特产京东湛江馆、廉江馆、吴川馆、徐闻馆，中国特色淘宝遂溪馆，苏宁易购湛江馆，邮乐网"湛江馆"和"徐闻馆"，主营湛江本地特产。然而，这些多数属于政府主导、协会主营型电商模式，以产业链企业自主宣传推进的电商平台仍然较少，双渠道中电商比例仍然较低。对比茂名市荔枝销售数据，从 2013 年到 2018 年，销售茂名荔枝的网店数量从 36 家发展到 1 500 多家，增长 40 多倍，网络销售量则由 450 吨跃增到 4.5 万吨，增长 100 倍。电商差距明显。湛江市比较成功的乾塘莲藕，名气近几年来越来越响，通过电商渠道扩大影响后，更是成了名牌产品。

（2）名牌农产品建设不足

生态农业不再是粗放式经营的传统农业，其诞生于我国经济大幅增长、群众更加富裕、环境有污染、食品安全事件频发、转基因危害不明的背景下，与我国经济社会结构调整同步推进，可以说是一个新鲜事物，是一个大趋势。

湛江市农业发展生态化程度不能完全满足消费者需求，各级政府更多依靠农庄采摘、认领菜地等纯消费的模式推进，真正从产业角度推进的故事太少，比如"土猪一号"这样的金字招牌太少。纯消费的模式属于服务经济，必须依靠大型城市群的市民，比如粤港澳大湾区。壮大产业的更有效办法是发展产品经济，用产品和品牌去服务更多消费者，而不只是本地顾客。

尽管湛江市在农产品品牌建设方面取得了不少成绩。比如，43 个品牌产品获得 2019 年广东省名牌产品（农业类）；广东省首届十大名牌系列农产品评选 50 强名单中湛江市 10 个产品榜上有名；湛江市红江农场红江橙等 18 个农产品成功入围广东省第二届"十大名牌"称号；"湛江鸡"地理标志证明商标申报工作取得初步成效，基本完成了"湛江鸡"地理标志证明对商标地域范围的划定和"湛江鸡"标志及养殖规程的制定工作。但从总体上看，全国叫得响的名牌产品仍然太少，没有形成湛江农业品牌的群体优势。

3.2.3 农产品质量层面的问题

（1）产品标准化问题

农产品的标准化一直是世界难题。在我国家庭联产承包责任制的农业经营模式下，这种困难更加突出。农户的分散经营使得农产品质量标准难以控制，在土地整治、种子、化肥、农药、收割、采摘、晾晒、仓储、初加工等一系列过程中，采购商难以全链条监管。比较常用的"公司+合作社+农户"模式，通过合作社这个中间环节的监管，在一定程度上约束和规范了农户行为，但不能从根本上强制要求或者代替农户去田间操作，在土地无法完全流转的现实情况下，标准化工作难以推进。

在农产品标准化方面走在前列的，是烟草行业的大农业模式。在各地烟草局强力组织下，在保证收购价格的前提下，在卷烟厂的示范指导下，通过土地合并、土地流转实现了烟叶连片种植，实现了种植、初加工（烘烤）、收购一条龙服务。这种农业组织模式在其他农产品领域很难推进，但有一定的可借鉴之处。

（2）易腐品保质期问题

农产品属于典型的易腐品或价值易逝品。易腐农产品又称鲜活农产品或生鲜农产品，市场上随处可见，是菜篮子工程的重要支撑。最为我们所熟知的鲜活农产品是蔬菜、水果、蛋奶、水产品、鲜畜禽肉等，这些产品最大的特点就是易腐烂、不耐储存、不易运输。

在"南菜北运"模式下，以往的采购商往往会对商品的损耗做出硬性规定，使得农户承担该损失。在农产品流通领域进行初加工模式下，必须依靠大型冷库基础设施，然而目前冷库明显不够。

（3）产品结构问题

课题组去稳村调研，稳村的特色就是番薯。但湛江那么多地方都有番薯，有12个"湛江名牌番薯"：稳村番薯、苏村番薯、福平番薯、吴家番薯、璞牌番薯、喜原番薯、良田番薯、优康泰华番薯、廉心番薯、何爸番薯、下六番薯、郎尚农番薯。稳村如何脱颖而出？面对这个问题，驻村的领导、干部已经做了很多的工作。主要模式是村集体和贫困户的合作社入股，然后各司其职，村民分红。目前来看，稳村借助了互联网，宣传到位，形成品牌"稳村番薯"。这是稳村目前的成就，贫困户都脱贫了，村集体有收入了。

课题组采购的番薯，大家都觉得很不错。但有一个问题，番薯作为半成品，能做成哪些产品？比如番薯粥、番薯条。是蒸着吃、煮着吃还是烤着吃？有几种吃法？可以炒菜吗？每天吃几个更合适更养生？可以做成淀粉吗？可以做成零食吗？可以做成冷饮冰淇淋吗？这就是产品结构问题。

3.2.4 农产品物流层面的问题

（1）物流基础设施缺乏

湛江农产品主要有两类：鲜活农产品、初加工农产品。尤其是水果、蔬菜，以鲜活农产品出售模式为主，这一领域对物流的要求极高。地方政府自建物流基础设施的成本高企，后期市场化运作困难，利用率难以保证。因此，除公共产品类的物流基础设施（比如物流产业园、区域物流中心、配送中心）外，更多的物流设施设备应该由运营主体兴建、运营，承担市场风险和收益。

通过调研发现，当前主要的困难是，农产品采摘以后预处理中心不能有效运营，缺少分拣设备、仓储设备、包装设备等。从根本上看，是农产品生产与物流运作环节脱钩，物流不能独立地发挥应用功能。从效率上看，采用人工分拣和机器分拣差距过大，影响了后期的运输环节效率。

（2）单位产品快递费较高

当前，农户自发组织的微商、淘宝店、微店等模式，只能解决类似于家庭农场规模的农产品销售问题，不能进行集约化大规模的渠道建设、品牌建设，带来的最直接问题是——单位产品的快递费较高。

根据经济学中边际分析的思想，只有运输量较大时，边际成本才会降低。每个消费者都是理性人，在用经济思维行事，比如考虑运输成本和仓储成本的 EOQ 模型。购买的数量多时，运输成本低，但是会面临消费不完带来的仓储成本，反之亦然。

3.3 电商渠道下生鲜农产品发展存在的问题

3.3.1 生鲜农产品行业整体呈亏损态势

生鲜农产品，又名易腐农产品，具有保质期短、季节性强、易腐烂等特点，主要包括蔬果、花卉、鱼肉蛋奶、水产品等。2008 年生鲜电商在我国一二线城市出现。2012 年褚橙在"本来生活"网的热卖标志着我国生鲜农产品电商进入新阶段。目前，我国生鲜电商市场形成以阿里系、京东系为第一梯队，腾讯系、盒马鲜生、顺风优选为第二梯队，其他众多中小电商为第三梯队的总体格局。

我国是世界上最大的生鲜农产品生产和消费国。2020 年 6 月，国家发展改革委等 12 部门联合印发了《关于进一步优化发展环境 促进生鲜农产品流通的实施意见》。当前，广东正面临产业结构和消费结构升级，在绿色发展理念下消费者对生鲜农产品需求激增。而现实情况是，我国生鲜农产品在流通中损失率高达 20%~30%，远高于发达国家 5% 的水平，生鲜电商亏损严重。

除了 3.2 节论述的传统农产品面临的普遍性问题，生鲜农产品有更加特殊的问题，那就是更需要冷链物流环节的全过程支撑，尤其是冷链物流与供应链的一体化推进。

3.3.2 有效的物流与供应链协同模式尚未形成

通过梳理现有各类冷链物流头部企业：电商旗下冷链物流（安鲜达、苏宁物流、京东物流）；贸易物流/贸易平台（美菜、信良记）；生产企业旗下冷链物流（双汇、新希望、正大等物流）；外卖冷链物流（美团、饿了么），针对生鲜农产品存在数量损耗和质量损耗（变质率）两大痛点，研究发现物流链条层级过多、平台配送与供应商仓对接不足等问题。

从原产地 F 端，经过 B 端电商平台，到达 C 端消费者，且全程冷链支撑的背景下，供应链成员与物流服务企业的信息共享仍然不够充分，有效的物流与供应链协同模式尚未形成。生鲜农产品市场具有典型的分散型特点：上游农户分散生产、下游消费者分散购买。因此，中间销售环节必须集中化、企业化、平台化，才能整合资源以匹配供需。平台企业通过信息共享形成有效的协同模式，是未来盈利和发展的必然选择。

3.4 本章小结

农产品因其易腐性、季节性、周期性等典型特征，长期面临供给与需求匹配难题。尤其是电商供应链与物流服务水平协调的低效，不能满足农产品"保质保量、快进快出、高效匹配"的总体要求。从案例出发，本章详细梳理了农产品领域发展现状，引出了农产品在组织、营销、质量、物流等四个层面的突出问题，发现物流与供应链协同的不足，为后续的研究奠定了实证基础。

4 农产品发展的供应链策略设计

农产品的发展依赖一套完整的供应链运营体系，以消费者需求为导向，从需求侧向供给侧传导。传导过程分为长中短三个阶段（见图4.1）。同时，任一阶段都离不开物流的支持，尤其是流通环节，农产品的货损率一直存在。调查表明，苹果等保质期较长的产品货损率为5%左右，生鲜蔬菜水果货损率一度高达20%。

图4.1　农产品物流与供应链

4.1　农产品发展的短期策略——从协会角度，基于销售的战略设计

短期策略假设某地农业的现有生产条件不发生大的改变，比如种植规模、产品结构、合作社状况等，仅仅通过销售环节的设计，力图实现农产品销售额提升、市场占有率提高的目标。

4.1.1　基本理念

第一，成功销售的根本是渠道制胜。渠道是市场经济的中介和通路，必须有好的商业模式支撑，能够真正提升消费者购买体验，提高消费者满意度和忠诚度。渠道是销售的中介，就生鲜农产品来说，分为传统农业销售渠道和电商渠道两种。两种渠道的市场容量相加，构成了该产品的潜在市场规模。

第二，借鉴招商引资方式，发挥政府、协会、商会的作用。招商引资是改革开放以来我国较为成功的发展模式，在短期内促进了制造业的振兴和供应链的健全。作为农业领域，发挥相关职能机构和协会的作用，积极联系电商销售平台、物流公司、批发市场等，积极与 B2B、B2C、C2B、O2O 等各类销售模式对接，达到扩大季节性农产品销售量的首要目标。

4.1.2 模式设计

（1）组织货源方面：建立健全各县市区行业协会和专业类分协会。

农产品销售属于市场经营性活动，要充分发挥市场中各类参与主体的作用，生产者、中间商、行业协会要协调联动，共同出谋划策。在我国生鲜农产品行业集中度低、种植分散、规模不足的背景下，发挥行业协会的作用尤其重要。行业协会整合合作社、农业企业、家庭农场等各类生产经营主体，是行业利益的组织者和共同代言人。各县市区要主动成立行业协会、完善协会基本职能。可以借鉴科技类学术委员会的设立模式，在行业协会下面，分设各专业类分协会，从组织层面保证货源的及时供应，同时提供质量监控（见图 4.2）。

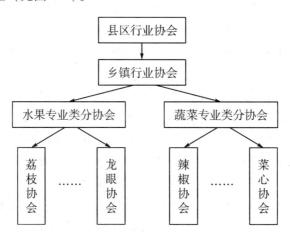

图 4.2　行业协会及专业类分协会

（2）行业协会与供应链双渠道龙头企业签署战略合作协议

首先是传统渠道。在农产品品牌化战略——"中期战略"尚未有效实施以前，取得销售量的增长主要依靠渠道。在供应链销售方面，行业协会与需求地的对接主要有以下渠道：与批发市场建立长期紧密关系，进入一级批发市场；与大型实体线下商超建立合同关系，成为其优质供应商。在销售合作方面，与一级批发市场基本采用批发价契约，利用大包干模式，一价到底；与盒马鲜生、永辉超市等线下渠道采取更加灵活的模式，比如协定损耗率。

其次是生鲜电商渠道。生鲜电商目前尚未盈利，因此行业协会及相关企业也需要承担风险，比如与生鲜电商龙头每日优鲜、易果生鲜、天天果园等建立收益共享契约、回购契约，形成利益共同体。目的是为下一阶段的"中期策略"塑造品牌，以"先市场后利润"的方式在生态农产品领域站稳脚跟。

4.2 农产品发展的中期策略——从企业角度，基于品牌的战略设计

4.2.1 基本理念

中期战略假设某地农业发展经过第一阶段短期战略的实施，已经有数量上的积累，农产品进行了精准的分类，在销售环节的双渠道模式基本形成的背景下，通过品牌战略设计，形成品牌识别，达到特色和差异化的发展目标。

第一，供应链发展的重点从销售向前推进到生产环节，参与主体从分销商转变为农业生产者。此情形下，销售已不是供应链的主要任务，因为渠道已经铺开、供销关系趋于稳定、市场占有率有保证。农业生产者与分销商已经不是简单的买卖关系、一次性博弈关系，农业生产者开始负责监控农产品的后续服务、营销、运输、配送等多个环节。

第二，农业生产者在供应链中的地位上升，部分农业大企业有控制供应链下游（分销商）的能力。正是从销售到生产的转变，农业生产者必须肩负其自身责任，匹配相应的职责。当发展为大型农业企业时，其角色转变为供应链下游的控制者，农业企业与分销商的关系发生了重大转变，二者成为合作伙伴关系。双方可以通过收益共享契约、回购契约等形式实现双赢。

第三，强化农产品品牌是中期策略的根本任务。此时，由于分销商处于从属地位，农产品的销售主要通过品牌号召力、品牌溢价来实现。品牌

是识别不同生产企业的重要标识，具有显著的差异性和辨识度，必须规避短期战略模式下同质化发展的弊病，通过商标、专利、地理标志、产地、图案等信息锁定消费者需求。同时要考虑以下问题：企业名称和产品品牌是否统一化，主品牌与副品牌如何设定，多品牌与单品牌如何权衡，如何实现品牌联想，如何发挥名人效应，如何进行网络宣传，等等。

4.2.2 模式设计

（1）组织方面：主体从行业协会转变为企业、合作社、家庭农场

短期策略力图实现销售量的突破，避免季节性果蔬类产品出现积压、滞销等危险局面。然而，一旦实现了量的增长，形成稳定的市场份额和区域优势，运营策略必须做出重要调整，从短期策略注重宏观、发挥行业协会的统领作用，转变为中期策略注重微观，发挥企业、合作社、家庭农场的作用。

从经济学的角度看，微观主体更加强调发挥市场机制的作用，凸显竞争的重要性。让企业、合作社、家庭农场全面参与市场竞争，在竞争中大浪淘沙、优胜劣汰、掌握本领。因此，必须继续发展壮大一批龙头企业、省市级合作社和家庭农场。除了农业部门通过评选认定的方式进行支持外，更重要的是解决发展中的基础性问题。比如，从调研的情况看，土地流转仍然困难重重，金融贷款乏力，网络知识培训不足，营销经纪人缺乏，等等。

（2）平台方面：合作开发的同时，开发本地电商交易功能

继续与生鲜龙头电商合作，从线上线下全方位协同。合作形式不再局限于农产品批发销售，要以入驻的形式，开辟专属网站。同时，在淘宝、天猫、京东等综合性电商平台试水销售，诚招一级二级代理商，广泛拓展平台电商业务。在进入电商自营平台的同时，实现与平台的互利共赢。

开发本地电商是一种孵化器模式，平台需要吸引顾客、商家、农业生产者三方力量，借助网络外部性理论和双边市场理论，创造顾客黏性、商家黏性。可以通过自建官网实现其主要功能：一是展示功能。把村民播种、打药施肥、耕作、灌溉、采摘的全过程展示出来，让消费者看到一个真实的农业场景。二是交易功能。消费者可以直接在网上下单，不需要再去淘宝京东。

（3）品牌方面：广泛注册、深度推广

动员法人企业、合作社、家庭农场等各类生产型组织，注册自己的商标，开展品牌建设工程。品牌的背后是企业家精神的传承，因此，广泛注册、提升参与度是第一步。同时，要努力推广品牌：一是继续做好地域品牌的大面积推广。对于具有品牌盲区的县市区、目前没有地域品牌的农产品品种，政府相关机构首要的职责是推广地域品牌。当前，在大型生鲜电商、商超基本实现了对果蔬类农产品地域品牌的覆盖和标识，这是未来的商品化趋势，必须予以强化。二是向企业品牌深度推广。一旦消费者记住的是企业品牌，生态农产品就走出了地域的障碍，企业与消费者因为该产品而紧密联系起来，企业品牌成为消费者生活的一部分。

（4）渠道方面：建设直采直供基地，试水直播带货新渠道

随着品牌建设的推进，某地生鲜农产品具有了一定的知名度，成为电商平台和传统渠道的生产基地。为了控制成本、维持保鲜度、JIT 配送，缩短中间环节成为必然，尤其是果蔬类的高损耗率，决定了物流环节的换装越少越好。同时，直采直供在产品溯源、质量控制等方面具有绝对优势。进入 2020 年后首当其冲的是直播带货，为 "90 后" "00 后" 随着网络成长出来的青少年，注入了视频、娱乐、互动、张扬个性的元素。尤其是试吃、试用、挑选的功能帮助消费者弥补了网络购物的不足——"先支付后使用"，便利了购物环境。

4.3 农产品发展的长期策略——从产品角度，基于质量的战略设计

当农业发展跨过中期策略、短期策略的门槛，预示着已经形成了农业的产业集群，在全国范围内已经有一定的产业集中度。已经从 "打擂" 变成 "守擂"，从成长期迈入成熟期，在稳定营销、品牌等供应链下游环节之后，生鲜农产品与消费者之间的黏性日益增强。按照市场营销理论，该阶段已经形成品牌知名度和美誉度，重点在于品牌忠诚度的建设。

4.3.1 基本理念

第一，产品质量成为实现销售的重要法宝。在第三阶段，农业企业集

聚、品牌差异化形成。此时农业生产者处于整个供应链的核心和主导地位，体现在具有定价权、可以适当压货、在合同中处于优势地位。此时，消费者购买该产品主要看重其质量和内涵，产品向心力处于绝对优势地位，正如优衣库所推崇的理念——"好的产品自己会说话"。由于高质量，消费者会主动搜索该产品，购买行为成为消费者的主动选择。

第二，真正的生态有机农业（农产品）开始形成。此时，生态农业发展走在全国前列，尽管国家标准尚未细化，形成有机食品的统一标准或地方标准。比如，可以学习德国模式，德国"生态农业协会（AGOEL）"认为生产的产品必须 95% 以上的附加料是生态的才称作生态产品。德国对有机食品的生产过程、各种生产资料的使用、原料的使用、单位畜禽的最小饲养面积、单位面积上的畜禽数量、监控操作程序、登记和标签内容等均规定了标准。

第三，农产品产业进入 PDCA 改进的闭环系统。管理学家戴明的 PDCA 循环，是一套内部质量改进的完整体系，几乎每一个改善的发生都必经这样一个流程，涵盖计划（plan）、实施（do）、检查（check）、处理（action）四个基本阶段，然后进入第二轮循环。区块链技术的发展，实现了生鲜农产品的全过程监控、全过程追溯。最终形成了类似于工业化模式的大农业发展模式，生鲜农产品深加工技术大大提升，基本实现全自动化生产，无人化加工等。

4.3.2　模式设计

（1）工作重点：以产品为核心，满足消费者新的生活方式

从协会组织，到企业为主体，到以产品为核心，反映了从短期策略、中期策略到长期策略的三个阶段转变。各级各部门，从政府到市场，全方位地服务于农产品这个中心，以提高农产品质量为主要抓手。因为从根本上讲，销售的竞争、品牌的竞争，最终表现为产品本身的竞争，好的产品自己会说话，有吸引消费者的魅力，能形成重复购买，具有消费黏性。生鲜农产品已经成为 21 世纪消费者的新生活方式，这是新时代的要求和社会发展的必然选择。

（2）推行精耕细作，获得绿色农产品 A 和 AA 认证

国际上有机食品起步于 20 世纪 70 年代，以 1972 年国际有机农业运动联盟的成立为标志。1994 年，国家环保总局在南京成立有机食品中心，标

志着有机农产品在我国迈出了实质性的步伐。我国的绿色食品分为 A 级和 AA 级两种。其中 A 级绿色食品生产中允许限量使用化学合成生产资料，AA 级绿色食品则较为严格地要求在生产过程中不使用化学合成的肥料、农药、兽药、饲料添加剂、食品添加剂和其他有害于环境和健康的物质。按照农业部发布的行业标准，AA 级绿色食品等同于有机食品。同时，还须尽量获得港澳台地区、欧美、日本等的国际认证。

（3）推行区块链生态农产品溯源，避免"有机造假"

从科技层面来看，区块链涉及数学、密码学、互联网和计算机编程等很多科学技术问题。目前，产品溯源的场景已经在沃尔玛超市部分实现。消费者通过扫描产品二维码，可以获得该产品的所有信息，包括供应链信息和物流信息。从农产品育种、耕作、施肥、除虫、采摘、晾晒，到初加工、包装，到物流运输、仓储等所有环节的信息均可以查看。这种不可逆的信息实现了公开透明，整合"供应链+物流+信息共享"。产品溯源解决了生产者与消费者信息不对称的问题。

4.4 农超对接供应链稳定性评价

2008 年 12 月，《商务部 农业部关于开展农超对接试点工作的通知》下发，意在引导大型连锁超市直接与鲜活农产品产地的农民专业合作社实现产销对接，以降低渠道成本。2009 年 6 月，"农超对接"在全国 15 个省份开始试点。这是一种农产品直销模式，它有几大好处：一是减少农产品生产的盲目性；二是稳定价格；三是稳定农民收入。这种直销模式在国外已有多年历史。在美国，"农超对接"的比例达到 80% 以上，在亚太地区这一比例也达到 70% 左右，发展中国家如北美洲的墨西哥也达到了 50%，而我国目前仅为 15%～18%，有非常大的发展空间。

4.4.1 国内外研究的现状和趋势

国外的"农超对接"起步较早，日本早在 1966 年就出台了《蔬菜生产安定法》，通过蔬菜产地的"大型化"和超市的密集化，以稳定蔬菜供应和蔬菜价格。商业企业采购农产品一般需要经过农民协会（以下简称"农协"）。农协一般分为基层农协、县级联合会、全国联合会三个层次，日本的农协作为农村覆盖面最广泛的组织，对促进日本农业经济发展，恢复政治稳定，减少政府的社会管理成本发挥了重要作用。美国由于实现了农场大规模生产，其"农超对接"主要是以沃尔玛这样的大型超市为主导，通过现代化的物流体系建立了农产品从生产、供货到销售的完整供应链，通过产销衔接，市场需要什么，农民就生产什么，最终实现了农产品供应数量和价格的稳定。国外主要从博弈论的视角研究供应链的稳定性，他们认为供应链的稳定性实质上是供应链成员之间利益博弈结果的一种外显形态。在供应链组建和运行的不同阶段，利益分配主要有三种博弈模式：以龙头企业为主的序列博弈（Stackelberg 均衡）、龙头企业与合作组织同等地位的同时博弈（Nash 均衡）、龙头企业与合作组织相互合作的帕累托博弈（Pareto 均衡）。

国内学者关于"农超对接"供应链稳定性的研究成果很多。康定华（2010）[①] 从供应链设计、供应链管理、供应链外部环境等层面扩展分析了供应链稳定性的研究视角，以期创新研究思路，提高研究成效。于红莉、卢文思（2011）[②] 着重分析了供应链稳定性的架构，认为供应链稳定性是由供应链资源、信息、共同市场和企业间战略伙伴关系等要素所决定的，这些要素在供应链运营层面中有不同的表现，把握住供应链稳定框架是实现供应链稳定运营的基础。牟政、穆东（2007）[③] 从技术分析的角度，根据生产过程具有显著马尔可夫性，以马尔可夫链理论为基础建立模型，对供应链稳定性进行测量评价。赵晓飞、李崇光（2008）[④] 从信息不对称的角度，对"龙头企业——合作组织"的二级农产品供应链的稳定性进行了研究，指出除了利益因素硬性机制影响供应链稳定外，供应链成员对客观自然状态认识的心理预期软性机制也会对供应链稳定性产生影响。杨叶飞（2009）[⑤] 探讨了保证农产品供应链稳定的必要性，并从我国当前经济面临的严峻形势出发提出了建立具有一定稳定性的农产品供应链的具体措施。

上述文献对"农超对接"的研究主要从超市的作用、农产品质量控制、对接的模式等方面展开，取得了较多的成果，深化了政府、企业和农

---

① 康定华. 论供应链稳定性的研究视角扩展 [J]. 商业时代, 2010 (12)：18-19.

② 于红莉, 卢文思. 供应链稳定性架构研究 [J]. 长春大学学报, 2011 (5)：33-44.

③ 牟政, 穆东. 基于马氏链的供应链稳定性评价 [J]. 物流技术, 2007 (11)：154-157.

④ 赵晓飞, 李崇光. 心理预期对农产品供应链稳定性影响研究 [J]. 上海管理科学, 2008, (2)：25-28.

⑤ 杨叶飞. 农产品供应链稳定性探究 [J]. 现代商业, 2009 (9)：16-17.

户对"农超对接"的认识,为我国"农超对接"的积极开展做出了一定的贡献。然而,系统研究"农超对接"供应链稳定性的文献还非常少。本书的研究将弥补上述缺陷,为对接失败的超市和合作社提供供应链解决方案,以推进我国"农超对接"的步伐,实现农产品流通渠道的现代化。

4.4.2 "农超对接"供应链稳定性的现状

4.4.2.1 "农超对接"的优势

"农超对接"是一种农产品直销模式,这种直销模式在国外已有多年历史。"农超对接"的优势主要体现在:

(1)实现农产品产销对接

过去的农产品销售多是发生在田间地头,商贩直接到农民的家里或田地收购农产品,通过低买高卖的方式层层转手,最后到达农贸市场。这种传统模式在农产品供不应求时确实能起到快速销售的作用,特别是对生鲜农产品来说,意义很大。然而,随着生产规模的扩大,农产品的销售竞争日趋激烈,在丰收之年产量供大于求的情况下,商贩的积极性受到严重挫伤,农产品的滞销现象非常突出。

在"农超对接"模式下,由于农民专业合作社和超市之间的交易以合同的方式进行,农民需要做的只是稳定供给数量和质量,彻底实现了产销对接,减少了农民在生产中的盲目性,使农民在生产过程中以销定产,以满足市场需求为生产的出发点,增强了农民的市场意识。

(2)稳定农产品价格

近年来,农产品价格持续波动,"菜贱伤农""菜贵伤民"问题突出,是我国改善民生的一大困扰。自 2003 年以来,我国 CPI 已出现三次持续大幅上涨,分别是从 2003 年 1 月到 2004 年 6 月、2006 年 6 月到 2008 年 2 月和 2010 年 1 月至 2011 年 12 月这三个时期。这些时期,农产品涨价尤为明显,造成食物支出增加,恩格尔系数有反弹的迹象。

在"农超对接"模式下,农产品供应是合同式的,农户通过建设大型养殖基地、农作物生产基地,流通领域通过建立大型批发市场和高效物流体系,实现了消费城市与粮食主产区及蔬菜生产基地的产销对接机制,由于农产品的进货价格趋于稳定,这样既能保证供应又提高了生产者抵御市场风险的能力,从而为农产品市场价格的稳定打下了坚实的基础。

（3）稳定农民收入

我国由于人多地少，生产基础设施薄弱，农业生产一直属于弱势产业，靠天吃饭的现象普遍存在。特别是在山区，受自然条件的限制，土壤的肥力不足、水源缺乏，造成农产品产量一直不高。过去我们提高产量的主要办法是实行家庭联产承包责任制，解决了土地的经营权问题，进而激发了农民的生产积极性。

然而，20世纪90年代以来，我国大部分农产品告别了普遍短缺的时代，转为当前阶段性、结构性、季节性、区域性的局部相对过剩，特别是鲜活农产品的"卖难"尤甚，有的甚至腐烂变质无法变卖。农产品"卖难"，已成为悬在我国5亿农民头上的"达摩克利斯剑"。"农超对接"实行以后，彻底解决了农民专业合作社的销售问题，如果合同签订的时间长，合作顺畅，农民在合作社土地上建设基础设施的积极性将大幅提高，比如很多地方的农民开始筹资兴建冷库，旨在建设从田间到超市的全程冷链系统，以更好地储存农产品，进而增加收入。

4.4.2.2 我国当前"农超对接"供应链稳定性的现状

经过多年的运行，实行"农超对接"的区域却出现了许多困难，稳定性明显不足，主要表现为：

（1）农业企业、合作社和农民在博弈中利益受损

超市与农民在谈判交涉力量对比上不对称。超市是现代化企业，组织管理严密，具有较强的议价能力和法律保护手段。对于单个农民甚至龙头企业来说，定价权仍然有限。比如，广西百色某生产番茄的农业龙头企业，在其与某超市签订的协议中，超市方只愿采购其产量中约25%的产品，供应方要实现分选、包装、储存、运输等过程，其间的成本非个别农民或企业所能承受。另外，较高的入场费和通道费也令农民望而却步。进场费是超市利用其在市场交易中的相对优势地位，向供货商收取的一种费用。目前，不少超市收取的进场费等费用占产品销售价格的近一半，使生产企业和供货商的销售渠道成本高昂。最后，超市较长的账期使得农民在博弈中受损。超市一般采用银行结算支付方式，即使对超市来说是很短的账期，往往也难以被农民接受，农民更喜欢田间地头的现金交易。较长的账期造成农业企业、合作社和农民缺乏周转资金，成为农民专业合作社参加"农超对接"的一大障碍。

（2）农产品难以稳定供应，超市的对接积极性不高

在我国，农产品的生产规模较小，农民习惯了常年固定的轮作模式，粮食储备库的建立又在一定程度上固化了这种模式。分散的生产造成多数农民的市场意识不强，农产品品种单一。然而，超市对农产品品种要求较多，单个农民或单个合作社难以提供超市需要的全部品种，影响了对超市的及时供应。同时，农产品还有季节性集中上市的特点，比如蔬菜集中采摘时供应充足，而其他时间几乎难以供应，合作社没有冷藏设施造成向超市全天候供货的困难。某大型超市负责人表示，超市的需求量比较稳定，而且不能出现断货情况。但由于天气、田间管理等因素影响，对接农民可能出现蔬菜减产或绝产的情况。特别需要强调的是农产品的"均一性"特别差。所谓的"均一性"即一批农产品中的成熟度，外形基本相同的比率。"均一性"差的农产品在长途运输或者超市门店销售时损耗增加，造成超市不愿采购。

（3）政府的支持不够

政府对弱势行业的支持有多种多样的方式，直接补贴与间接补贴就是其中的两种。比如我国以土地面积为基数的粮食直接补贴，补贴资金打在农民的银行账户上，直接提高了农民的收入，获得了农民的广泛好评。"农超对接"实行的是间接补贴，比如对进场费的补贴是通过超市来管理的，确定为试点超市后，农民只需缴纳极少的进场费，剩余的大部分由国家补贴，政策的目标是扩大农产品在超市的供应量，因为超市只有售卖较多的农产品才会获得较多的补贴，效果也很好。但是，补贴行为只发生在流通环节，多是对供应链中的超市一方，对农民生产领域补贴不足，比如冷藏基础设施的补贴亟待完善。另外，政府在增值税发票管理等环节仍有许多需要改进的地方，农民小生产者的特征造成无法向超市提供增值税发票，资金结算困难。

4.4.3 "农超对接"供应链稳定性评价

4.4.3.1 "农超对接"供应链稳定性的主要考核指标

如表 4.1 所示，假设某"农超对接"供应链有三种类型，目标层指标有 A_1、A_2、A_3 三种供应链的稳定性，准则层指标有 C_1 数量、C_2 质量、C_3 价格、C_4 收益四类；其中 C_1 包括合作社供应数量 D_1、合作社供应及时度 D_2 两个因素层指标；C_2 包括合作社产品新鲜度 D_3、合作社产品包装 D_4 两个

因素层指标；C_3 包括超市回款率 D_5、超市促销率 D_6、C_4 包括 D_7 超市收益、D_8 合作社收益两个因素层指标。

表 4.1 供应链稳定性指标体系

目标层 O	准则层 C	因素层 D
供应链稳定性 （A_1、A_2、A_3）	数量 C_1	合作社供应数 D_1 合作社供应及时度 D_2
	质量 C_2	合作社产品新鲜度 D_3 合作社产品包装 D_4
	价格 C_3	超市回款率 D_5 超市促销率 D_6
	收益 C_4	超市收益 D_7 合作社收益 D_8

4.4.3.2 基于模糊综合评价法的供应链稳定性评价

基于模糊综合评价法的供应链稳定性评价内容如下：

（1）德尔菲法赋值

首先，请业内专家、学者对各指标体系的重要程度进行比较，对各个指标的权重采用德尔菲法匿名赋值。同时对"农超对接"试点区域进行问卷调查及数据分析，作为对稳定性指标赋值的参考。

（2）构造成对比较矩阵

比较第 i 个元素与第 j 个元素相对上一层某个因素的重要性时，使用数量化的相对权重 a_{ij} 来描述。设共有 n 个元素参与比较，则 $A = (a_{ij})_{n \times n}$ 称为成对比较矩阵。成对比较矩阵中 a_{ij} 的取值可参考 Satty 的提议进行赋值，a_{ij} 在 1~9 及其倒数中间取值。

（3）层次单排序及一致性检验

判断矩阵 A 对应于最大特征 λ_{max} 的特征向量 W，经归一化后即为同一层次相应因素对于上一层次某因素相对重要性的排序权值，这一过程称为层次单排序。计算衡量一个成对比较矩阵 A（$n > 1$ 阶方阵）不一致程度的指标 $CI = (\lambda_{max} - n)(n - 1)$，当 $CR < 0.1$ 时，判定成对比较矩阵 A 具有满意的一致性，或其不一致程度是可以接受的，否则应对判断矩阵作适当修正（比如调整成对比较矩阵 A），直到达到满意的一致性为止。

（4）层次的总排序及一致性检验

利用层次单排序的计算结果，进一步计算出本层次所有元素对上一层次的重要性权重值，这就是总排序。层次总排序是从最底层次开始，从下到上逐层进行的，最终就可得出最底层因素相对于最高层的相对重要性权重值，也就得到了最下层所列方案对目标层的重要程度。在总排序时，相邻两层之间的数据通过矩阵相乘产生递推关系。

（5）计算一级、二级及综合评价

通过计算矩阵的一级、二级及综合评价的具体数值，得出三种供应链 A_1、A_2、A_3 稳定性的总评分。

4.4.4 提高"农超对接"供应链稳定性的建议

4.4.4.1 增强农民的市场意识

党的十七届三中全会通过的《关于推进农村改革发展若干重大问题的决定》指出，要深入贯彻落实科学发展观，把建设社会主义新农村作为战略任务要推进社会主义新农村建设，关键是要大力增强农民的市场意识。

"农超对接"的本质是农民直接走向市场，通过和超市的接触获得第一手的消费需求信息，以改进种植方式、数量和质量满足消费需求。然而，受小农意识影响，农民的市场意识普遍不强，受耕作习惯的影响，对农产品质量、品种、花色控制意识不强，种植的随意性较大。所以，增强农民的市场意识首先要依靠涉农街道办事处及乡镇机关工作人员的大力宣传，通过农经讲座、农业论坛、电视媒体播出的致富经等途径，让农民有捕捉信息、了解市场的冲动，使"农超对接"、市场、基金、支票等经济概念为他们所熟知。其次是要大力践行政府搭台、市场唱戏的思路，帮助农民选择在市场上有销路的农作物，尝试订单农业生产方式，以有效规避市场风险。另外，专业合作社要充分发挥自身优势，为农民提供产前、产中、产后的服务，对应该种什么样的品种、什么时候采摘最佳等做出合理的市场预测，使农民不再盲目种植。与市场接轨既能增强农民的市场意识，又能稳定地增加农民收入。

4.4.4.2 适度降低超市的各项管理费

当前"农超对接"效果不好的一个重要原因是超市名目繁多的管理费，比如入场费、堆头费、条码费、促销费、广告费等。大型超市往往利用自己的垄断优势压榨中小商户，特别是没有任何经验的合作社农民，额外增加了农民的成本负担。为了减少菜农开销，部分大型连锁企业，比如家乐福已开始试行免收"进场费"，但其他费用仍然照常收取。为了顺利推进"农超对接"、增加农民收益，降低超市管理费已成为一个必然选择。物价部门应专门针对大型零售企业的收费进行巡查，对零售商向供应商收取超过实际成本的条码费、店铺改造的装修、装饰费、以各类庆典为名收取赞助费等，应按照国家有关规定给予处罚，并通过媒体及时曝光。

4.4.4.3　增强政府的服务职能

"农超对接"在我国刚刚起步，各种法律法规还很不完善，对接中各种各样的问题和矛盾较多，需要政府及时给予指导、管理和监督。比如在试点合作社与超市的选择，产品质量的监管上都需要政府相关职能部门的努力。当前，政府对"农超对接"的补贴多是超市一方，对合作社的补贴较少，特别是对大型冷藏基础设施的补贴更少，这些严重制约了"农超对接"的发展。另外，政府在税收管理、合作社管理等方面仍有许多需要改进的地方，增强政府的服务职能和服务意识是当前和今后一个时期"农超对接"成败的关键。

4.5　本章小结

本章基于前述问题的文献梳理和实证分析，力图为农产品供应链发展设计一套运营体系，分别从短期的营销策略、中期的产品策略、长期的质量策略进行分析；并以"农超对接"为方式，采用合作社数量、产品新鲜度、超市促销等指标，利用层次分析法对比了合作社和超市收益大小，形成了"农超对接"供应链稳定性评价的指标体系，为农产品领域供应链高质量发展提供了新的思路和做法。

5 农产品供应链协调的两种传统方式

5.1 网络信息成本共担的供应链协调方式

供应商管理库存（VMI）是在供应链管理（SCM）理念下崭新的库存管理模式。这种模式在 20 世纪 80 年代最先在企业界显露雏形，沃尔玛和宝洁公司是其典型代表。一般认为，"VMI 是一种在用户和供应商之间的合作性策略，以对双方来说都是最低的成本优化产品的可获得性，在一个相互同意的目标框架下由供应商管理库存，这样的目标框架被经常性监督和修正，以产生一种连续改进的环境"。VMI 的主要特征是管理责任和决策主体转移，即由过去的上游企业与下游企业分散决策管理各自的库存改为由上游企业管理双方的库存，这就带来了信息共享、利润分配等一系列的问题①。

国外学者迪士尼（Disney）等②分析了 VMI 动态性对供应链牛鞭效应的影响，Ahmad 等③建立了一个周期性配送的 VMI 集成模型，董彦（Dong）等④对实施 VMI 后订货商和供应商的利润情况进行了分析和评价。从短期看，VMI 可以降低购买方以及供需双方总的库存成本，但购买方获得大部分因库存成本节约所带来的利益，供应商获得利益较少；但从长期

① 马士华，林勇，陈志祥.供应链管理［M］.北京：机械工业出版社，2000.

② S M DISNEY, D R TOWILL. The effect of vendor managed inventory（VMI）dynamics on the Bullwhip Effect in supply chains［J］. Production Economics, 2003, （85）: 199-215.

③ AHMAD RUSDIANSYAH, DE-BI TSAO. A integrated model of the periodic delivery problems for Vendor-machine supply chains［J］. Journal of Food Engineering, 2005（70）: 421-434.

④ YAN DONG, KEFENG XU. A supply chain model of vendor managed inventory［J］. Transportation Research Part E, 2002, 38（1）: 75-95.

看，无论双方库存费用结构是否匹配，VMI 给双方都可带来利润。国内学者郭海峰、黄小原、邱若臻对有确定需求、初始库存和允许库存短缺的一种畅销商品，建立了供应商管理库存的供应链模型，并进一步讨论了采购数量和利润，证明了供应商管理库存供应链的最优购买量比传统供应链的最优购买量要高①。罗宜美、毕明山②针对解决实施供应商管理库存策略短期内合作双方的责任与利益不统一的问题，根据双方优势地位的不同，建立了短期内供需双方利益分配模型。罗兵、曾令玲③考虑订货商给予供应商一定成本补贴，建立了包括一个生产型供应商和一个订货商的供应商管理库存模型。分析表明，供应商得到合理的成本补贴会使实施 VMI 后供应链双方的短期和长期利润均增加，同时使订货商合同采购价下降和最优年采购量增加。安彤、赵道致④在一个供应商和一个零售商合作实施 VMI 的系统中引入线性转移支付激励机制，该系统使零售商的促销努力水平对整个供应链最优，供应链的收益水平达到集成供应链的收益水平。

上述文献在分析 VMI 带来的影响时，更多地考虑了订购成本、装配成本、存贮成本的影响，而忽视了前期信息成本投入的影响，而这是实现 VMI 的重要前提。本书区分了传统渠道的订货成本与网络信息渠道的订货成本的不同，在 VMI 框架下，把网络订货的信息成本计算在内，建立了新的利益分配模型。

5.1.1 概念、符号与假设

网络信息成本是指为了实现网上订货的顺畅所进行的前期信息基础设施投入，比如 EDI、POS 系统和条形码系统等信息基础设施的大量投入，网络信息成本平均分摊到每一次的订货行为中。传统渠道订货成本主要指以人员工资及差旅费为主的订购成本、以运输搬运费用为主的装配成本、以仓储保管费用为主的存贮成本。

考虑某 VMI 系统由一个供应商和一个订货商组成，在需求量确定、有初始库存且连续订货、不存在缺货、订货提前期为已知常数的 EOQ 策略

---

① 郭海峰，黄小原，邱若臻. 供应商管理库存的最优购买数量和利润 [J]. 东北大学学报（自然科学版），2005，26（2）：86-189.

② 罗宜美，毕明山. 基于 VMI 的供需双方利益分配模型 [J]. 工业工程，2008，11（5）：110-113.

③ 罗兵，曾令玲. 一种考虑订货商补贴的 VMI 模型 [J]. 中国管理科学，2008，16（2）：42-47.

④ 安彤，赵道致. 需求受促销影响下基于转移支付的 VMI 模型 [J]. 2010，28（12）：6-11.

下，建立供应链模型[①]。$p(y)$ 为订货商的销售价格；y 为订货商的年销售量；w_1、w_2 分别为 VMI 实施前后订货商的采购价；c_1、c_2 分别为供应商和订货商的单位产品单位时间贮存成本；c_3 为订购商在传统渠道的一次订购成本（如手续费、电信往来和人员出差费用）；c_4 为实施 VMI 后，订货商在一次网络订购中所需投入的信息成本（比如 EDI、POS 系统和条形码系统等），且 $c_3 > c_4$，即传统渠道订货成本高于网络信息渠道；c_5 为制造商每次的装配费用（如准备生产资料、组织生产人员等的费用）；$c(y)$ 为供应商单位产品的生产和促销成本；π_1、π_2 分别为 VMI 实施前供应商和订货商的利润；π_3、π_4 分别为 VMI 实施后供应商和订货商的利润；Q 为订货商的一次订货量；上述所有变量均大于 0。

5.1.2　供应商与订货商分散决策的（VMI 实施前）基本模型

由文献[②]可知，供应商和订货商的库存成本函数分别为

$$\frac{y}{Q}c_5 + \frac{Q}{2}c_1 、 \frac{y}{Q}c_3 + \frac{Q}{2}c_2$$

则分散决策下整个供应链的库存总成本为

$$c_{分总} = \frac{y}{Q}(c_3 + c_5) + \frac{Q}{2}(c_1 + c_2) \tag{5.1}$$

根据 Dong Y 等（2002）和唐宏祥等（2003）的研究，当供应商和订货商分散决策、独立管理自己的库存时，供应商和订货商的利润函数分别为

$$\pi_1 = w_1 y - c(y) - \frac{y}{Q}c_5 - \frac{Q}{2}c_1 \tag{5.2}$$

$$\pi_2 = p(y) y - w_1 y - \frac{y}{Q}c_3 - \frac{Q}{2}c_2 \tag{5.3}$$

则整个供应链的总利润为

$$\pi_{分总} = p(y) y - c(y) - \frac{y}{Q}(c_3 + c_5) - \frac{Q}{2}(c_1 + c_2) \tag{5.4}$$

在式（5.4）两边对 Q 取导数，令 $\dfrac{\mathrm{d}\pi_{分总}}{\mathrm{d}Q} = 0$，得供应链利润最大时的

---

① 朱道立，徐庆，叶耀华. 运筹学 [M]. 北京：高等教育出版社，2006.
② 朱道立，徐庆，叶耀华. 运筹学 [M]. 北京：高等教育出版社，2006.

零售商最佳库存水平为 $\sqrt{\dfrac{2y(c_3+c_5)}{c_1+c_2}}$，此时供应链的最大利润为 $p(y)\,y -$
$c(y)-\sqrt{y(c_1+c_2)(c_3+c_5)}$。

5.1.3 供应商与订货商集中决策的（VMI 实施后）VMI 模型

实施 VMI 后，订货商的库存交由供应商管理，订货商的订购费用也不复存在，c_3 降为 0，这时订货商与库存相关的费用只有 c_4，这与一般文献的研究不同。因为实施 VMI 后，订货商的订货渠道只不过是从传统方式转变为网上订购，但网上订购仍然是有信息成本的。另外，与供应商相关的费用有单位贮存费用 c_1+c_2、装配费用 c_5。

供应商和订货商的库存成本函数分别为

$$\frac{y}{Q}c_5+\frac{Q}{2}(c_1+c_2) \quad\text{和}\quad \frac{y}{Q}c_4。$$

则集中整个供应链的库存总成本为

$$c_{集总}=\frac{y}{Q}(c_4+c_5)+\frac{Q}{2}(c_1+c_2) \tag{5.5}$$

当供应商和订货商集中决策，由供应商管理整个供应链的库存时，供应商和订货商的利润函数分别为

$$\pi_3=w_2y-c(y)-\frac{y}{Q}c_5-\frac{Q}{2}(c_1+c_2) \tag{5.6}$$

$$\pi_4=p(y)\,y-w_2y-\frac{y}{Q}c_4 \tag{5.7}$$

整个供应链的总利润为

$$\pi_{集总}=p(y)\,y-c(y)-\frac{y}{Q}(c_4+c_5)-\frac{Q}{2}(c_1+c_2) \tag{5.8}$$

在式（5.8）两边对 Q 取导数，令 $\dfrac{d\pi_{集总}}{dQ}=0$，得到供应链利润最大时的零售商最佳库存水平为 $\sqrt{\dfrac{2y(c_4+c_5)}{c_1+c_2}}$，此时供应链的最大利润为 $p(y)\,y-c(y)-\sqrt{y(c_1+c_2)(c_4+c_5)}$。

5.1.4 VMI 实施前后的结果对比

（一）成本对比

对供应商来说，因为 $\dfrac{y}{Q}c_5 + \dfrac{Q}{2}(c_1 + c_2) > \dfrac{y}{Q}c_5 + \dfrac{Q}{2}c_1$，所以实施 VMI

后，供应商的成本上升；同样，对订货商来说，因为 $c_4 < c_3$，所以 $\dfrac{y}{Q}c_4 <$

$\dfrac{y}{Q}c_3 + \dfrac{Q}{2}c_2$，即实施 VMI 后，订货商的成本下降。对整个供应链的总库存

成本来说，由于 $c_4 < c_3$，由式（5.1）、式（5.5）可知，$c_{集总} < c_{分总}$，所

以实施 VMI 后，供应链总库存成本下降。

（二）库存水平对比

很明显，因为 $c_4 < c_3$，所以 $\sqrt{\dfrac{2y(c_4 + c_5)}{c_1 + c_2}} < \sqrt{\dfrac{2y(c_3 + c_5)}{c_1 + c_2}}$，即实施

VMI 后，供应链最佳库存水平明显降低。

（三）利润对比

由式（5.6）减去式（5.2）得

$$\pi_3 - \pi_1 = (w_2 - w_1)y - \frac{Q}{2}c_2 \tag{5.9}$$

由式（5.7）减去式（5.3）得

$$\pi_4 - \pi_2 = (w_1 - w_2)y + \frac{y}{Q}(c_3 - c_4) + \frac{Q}{2}c_2 \tag{5.10}$$

当 $w_2 = w_1$ 时，对供应商来说，由式（5.9）可知，$\pi_3 < \pi_1$，即实施 VMI 后供应商利润趋于下降；同样，对于订货商，由于 $c_4 < c_3$，由式（5.10）可知，$\pi_4 > \pi_2$，即实施 VMI 后订货商利润趋于上升。

当 $w_2 > w_1$ 时，供应商与订货商利润情况不确定。对供应商来说，当 $w_1 < w_2 < \dfrac{Q}{2y}c_2 + w_1$ 时，$\pi_3 < \pi_1$，即实施 VMI 后供应商利润趋于下降；当 $w_2 > \dfrac{Q}{2y}c_2 + w_1$ 时，$\pi_3 > \pi_1$，实施 VMI 后供应商利润上升。对订货商来说，当 $w_1 < w_2 < \dfrac{c_3 - c_4}{Q} + \dfrac{Q}{2y}c_2 + w_1$ 时，由于 $c_3 > c_4$，可知 $\pi_4 > \pi_2$，即实施 VMI 后订货商利润趋于上升；当 $w_2 > \dfrac{c_3 - c_4}{Q} + \dfrac{Q}{2y}c_2 + w_1$，可知 $\pi_4 < \pi_2$，

即实施 VMI 后订货商利润下降。

当 $w_2 < w_1$ 时，对供应商来说，$\pi_3 < \pi_1$，即实施 VMI 后供应商利润趋于下降；对订货商来说，由于 $c_3 > c_4$，可知 $\pi_4 > \pi_2$，即实施 VMI 后订货商利润趋于上升。

5.1.5 VMI 协同模式运行的条件

根据委托代理理论，激励机制能够有效，必须满足两个约束条件：①激励相容约束，即在激励机制下，每一个企业都能够确信其他企业会理性地选择对整个供应链有利的行为；②个性理性约束（参与约束），即激励机制必须确保每一个企业的收益至少不比以前少，即激励机制是帕累托改进的[①]。

根据上面的分析，实施 VMI 后，供应商与订货商实现"双赢"的前提条件是 $\frac{Q}{2y}c_2 + w_1 < w_2 < \frac{c_3 - c_4}{Q} + \frac{y}{2y}c_2 + w_1$，即 $0 < w_2 - w_1 < \frac{c_3 - c_4}{Q}$。由此可知，VMI 实施后订货商的采购价必须要上升，且上升幅度在区间 $\left(0, \frac{c_3 - c_4}{Q}\right)$ 内。

5.1.6 结语

供应商管理库存是近年来兴起的一种新的库存管理模式，当考虑网络信息成本时，整个供应链的利润分配变得复杂。由上面的分析可以知道，VMI 实施前后订货商的采购价格是决定供应链利益分配的一个重要指标，为了实现 VMI 协同模式的有效稳定运行，订货商必须让渡一部分收益给供应商以换取供应商提供高质量的产品和优质服务，并使供应商的利润回归到合理的区间内。根据 VMI 协同模式运行的条件，订货商向供应商让渡的收益应为 $\left(0, \frac{c_3 - c_4}{Q}Q\right)$，即 $(0, c_3 - c_4)$。也就是说，网络信息成本对订货商订购成本的节约必须由参与双方共同分享。只有这样，才能实现"双赢"，供应链才能长期稳定。

---

① 张维迎. 博弈论与信息经济学 [M]. 上海：上海三联书店, 1996.

5.2　基于补贴的三级供应链效率改进方式

对易腐品的研究始于盖尔（Ghare）等[1]，随后的研究拓展到农业领域。王丽娟等[2]利用灰色博弈理论探讨了灰色市场价格下易腐农产品系统中双方利益最大化的最优均衡策略和措施，并建立了易腐农产品系统的灰色博弈模型；谢小良等[3]考虑易腐农产品变质率对配送中心选址的影响，建立了基于混合整数规划的易腐农产品中心选址模型；杨春等[4]建立了一种成本分担与收入共享合同；谢如鹤等[5]运用协同学和自组织理论分析了生鲜农产品供应链系统的自组织化过程；徐良培等[6]探讨了"农户+公司"型农产品供应链在动态价格下的协同稳定机制。

以往研究多是基于生产商（种植养殖户，下同）、零售商的二级供应链，这与现行的生产商、批发商、零售商三级供应体制不相符合。另外，上述文献多是基于易腐农产品供应链的某一决策变量进行研究的，如价格、努力水平、组织模式、选址等，很少有从供应链本身的效率角度的研究。本书构建了三级易腐农产品供应链模型，从分散决策和集中决策的比较研究中论证了供应链利润最优化的约束条件，并给出了增进供应链效率的政策建议。

---

①　GHARE P M, SCHRADER G P. A model for an exponentially decaying inventory [J]. Journal of Industrial Engineering, 1963, 14 (5)：238-243.

②　王丽娟，王红卫，孙西超. 用灰色理论研究易腐农产品中合作博弈问题 [J]. 华中科技大学学报（自然科学版），2008, 36 (8)：31-33.

③　谢小良，符卓，杨光华. 易腐农产品物流配送中心选址优化 [J]. 广东农业科学，2009 (5)：224-226.

④　杨春，但斌，吴庆，等. 考虑保鲜努力的生鲜农产品零售商与物流服务商的协调合同 [J]. 技术经济，2010 (12)：122-126.

⑤　谢如鹤，邱祝强. 生鲜农产品供应链系统的自组织化分析 [J]. 广州大学学报（社会科学版），2010, 9 (2)：40-44.

⑥　徐良培，李淑华，陶建平."农户+公司"型农产品供应链协同机制研究 [J]. 生态经济，2010 (3)：88-92.

5.2.1 易腐农产品三级供应链博弈模型

5.2.1.1 符号与假设

符号：c_1 为零售商单位产品的管理成本；c_2 为批发商单位产品的管理成本；c_3 为生产商单位产品的加工成本；p_1 为零售商的市场销售价；p_2 为批发商给零售商单位产品的批发价；p_3 为生产商给批发商的单位产品价格；q 为市场需求量；$p_1 > p_2 > p_3 > 0$；$\pi_{1分散}$、$\pi_{2分散}$、$\pi_{3分散}$ 分别代表每个零售商、每个批发商、每个生产商分散决策时的利润；$\pi_{1集中}$、$\pi_{2集中}$、$\pi_{3集中}$ 分别代表每个零售商、每个批发商、每个生产商集中决策时的利润。

假设：①某易腐农产品市场上存在由 l 个零售商、m 个批发商、n 个生产商组成的三级供应链，且零售商是同质的，即每一零售商的管理成本 c_1、购进价 p_2、售出价 p_1、销售量 q 都相同。同样，批发商和生产商也都是同质的。②在开放的产品市场中，3 个参与方对产品的销售价格、需求分布情况、库存成本以及促销情况等相关信息有清晰的把握，即不存在非对称信息的情况。③3 个参与方都是完全理性和风险中性的，即都根据期望利润最大化原则进行相关的决策。

5.2.1.2 利润函数建构

假设易腐农产品市场的需求函数为 $q = a - b p_1$，其中 $a > 0$，$1 \geq b \geq 0$，则每个零售商的利润函数为

$$\pi_1 = (p_1 - p_2 - c_1)\, q/l = (p_1 - p_2 - c_1)(a - b p_1)/l \qquad (5.11)$$

每个批发商的利润函数为

$$\pi_2 = (p_2 - p_3 - c_2)\, q/m = (p_2 - p_3 - c_2)(a - b p_1)/m \qquad (5.12)$$

每个生产商的利润函数为

$$\pi_3 = (p_3 - c_3)\, q/n = (p_3 - c_3)(a - b p_1)/n \qquad (5.13)$$

5.2.2 利润最大化时的博弈结果

5.2.2.1 分散决策的博弈结果

（1）零售商求解

在式（5.11）两边对 p_1 求导数，由一阶最优条件得

$$\frac{\mathrm{d}\,\pi_{1分散}}{\mathrm{d}\,p_1} = [-2b p_1 + (p_2 + c_1)\, b + a]/l = 0 \qquad (5.14)$$

其中

$$p_1 = \frac{a + (p_2 + c_1) \, b}{2b} \tag{5.15}$$

把式（5.15）代入 $q = a - b \, p_1$，得

$$q = \frac{a - (p_2 + c_1) \, b}{2} \tag{5.16}$$

这里假设 p_2 已经求出。另外，根据式（5.14）再对 p_1 求导，得 $\frac{\mathrm{d}^2 \pi_{1分散}}{\mathrm{d} p_1^2} = -2b < 0$，所以 $\pi_{1分散}$ 为凹函数。

（2）批发商求解

把式（5.16）代入式（5.12），得

$$\pi_{2分散} = (p_2 - p_3 - c_2) \, q/m = \frac{(p_2 - p_3 - c_2) \, [a - (p_2 + c_1) \, b]}{2m}$$

两边对 p_2 求导数，由一阶最优条件，得

$$\frac{\mathrm{d} \pi_{2分数}}{\mathrm{d} p_2} = [-2b \, p_2 + (p_3 + c_2 - c_1) \, b + a] \, /2m = 0 \tag{5.17}$$

得

$$p_2 = \frac{a + (p_3 + c_2 - c_1) \, b}{2b} \tag{5.18}$$

这里假设 p_3 已求出，同样，由式（5.17）再对 p_2 求导，得 $\frac{\mathrm{d}^2 \pi_{2分散}}{\mathrm{d} p_2^2}$ $= -2b < 0$，所以 $\pi_{2分散}$ 为凹函数。

（3）生产商求解

把式（5.16）、式（5.18）代入式（5.13），得

$$\pi_{3分散} = \frac{(p_3 - c_3) \, [a - (p_2 + c_1) \, b]}{2n} = \frac{(p_3 - c_3) \, [a - (p_3 + c_2 + c_1) \, b]}{2n}$$

两边对 p_3 求导数，由一阶最优条件，得

$$\frac{\mathrm{d} \pi_{3分散}}{\mathrm{d} p_3} = \frac{[-2b \, p_3 + (c_3 - c_2 - c_1) \, b + a]}{2n} = 0 \tag{5.19}$$

得

$$p_3 = \frac{a + (c_3 - c_2 - c_1) \, b}{2b} \tag{5.20}$$

同样，由式（5.19）再对 p_3 求导，得 $\frac{\mathrm{d}^2 \pi_{3分散}}{\mathrm{d} p_3^2} = -2b < 0$，所以 $\pi_{3分散}$

也为凹函数。

(4) 各参与方利润求解

联立式 (5.15)、式 (5.18)、式 (5.20)，得

$$p_1 = \frac{7a + (c_3 + c_2 + c_1) b}{8b} \qquad (5.21)$$

$$p_2 = \frac{3a + (c_3 + c_2 - 3c_1) b}{4b} \qquad (5.22)$$

$$p_3 = \frac{a + (c_3 - c_2 - c_1) b}{2b} \qquad (5.23)$$

把式 (5.22) 代入式 (5.16)，得

$$q = \frac{a - (c_3 + c_2 + c_1) b}{8} \qquad (5.24)$$

把式 (5.21)、式 (5.22)、式 (5.24) 代入式 (5.11)，得出分散决策下每个零售商的利润为

$$\pi_{1分散} = (p_1 - p_2 - c_1) q/l = \frac{[a - (c_3 + c_2 + c_1)b]^2}{64bl}$$

把式 (5.22)、式 (5.23)、式 (5.24) 代入式 (5.12)，得每个批发商的利润为

$$\pi_{2分散} = (p_2 - p_3 - c_2) q/m = \frac{[a - (c_3 + c_2 + c_1)b]^2}{32bm}$$

把式 (5.23)、式 (5.24) 代入式 (5.13)，得每个生产商的利润为

$$\pi_{3分散} = (p_3 - c_3) q/n = \frac{[a - (c_3 + c_2 + c_1)b]^2}{16bn}$$

5.2.2.2 集中决策下的博弈结果

由式 (5.11)、式 (5.12)、式 (5.13) 可知，在集中决策下，整个供应链所有参与方的利润总和为

$$\pi_总 = (p_1 - c_3 - c_2 - c_1) q = (p_1 - c_3 - c_2 - c_1) (a - bp_1) \qquad (5.25)$$

求最优解，得

$$p_1 = \frac{a + (c_3 + c_2 + c_1) b}{2b} \qquad (5.26)$$

$$q = \frac{a - (c_3 + c_2 + c_1) b}{2} \qquad (5.27)$$

把式（5.26）、（5.27）代入式（5.25），得

$$\pi_{总} = [p_1 - c_3 - c_2 - c_1] \, q = \frac{[a - (c_3 + c_2 + c_1) \, b]^2}{4b}$$

5.2.2.3　分散决策与集中决策博弈结果的比较

（4）整个供应链所有参与方总利润的比较

分散决策下，整个供应链的总利润为

$$\frac{[a - (c_3 + c_2 + c_1) \, b]^2}{16b} \left(\frac{1}{4} + \frac{1}{2} + 1 \right) \qquad (5.28)$$

集中决策下，整个供应链的总利润为

$$\frac{[a - (c_3 + c_2 + c_1) \, b]^2}{4b} \qquad (5.29)$$

因此对于整个供应链，集中决策利润要大于分散决策利润，供应链协同是有利的。

5.2.2.4　实现供应链协调的约束条件

（1）供应链效率

分散决策下供应链总利润与集中决策下对比，式（5.28）除以式（5.29），得到供应链效率为 $\frac{7}{16}$，远低于两级供应链效率的值 75%。因此，实现供应链协调尤其关键。

（2）供应链协调约束条件

对于零售商、批发商、生产商来说，实现三赢的约束为 $\pi_{集中} > \pi_{分散}$，即集中决策下各自分得的利润比分散决策高。否则，就要对亏损一方进行补贴，以达成协同。

5.2.3　增进供应链效率的政策建议

5.2.3.1　从生产技术的角度，生产商应提高采摘技术，延长产品的运输储存时间

从生产商本身来看，易腐农产品的收益低微且与生产技术密切相关，特别是对生产成熟期的控制和产品品质的控制非常重要。20 世纪 70 年代，荷兰开始实施温室革命，大力发展设施农业，利用温室进行农业工厂化生产。该国的蔬菜、花卉、水果等农产品都采用温室无土栽培，室内温度、湿度、光照、施肥、用水、病虫害防治等都用计算机控制，作物产量很

高，单位土地效益大①。就我国的具体情况看，由于国土面积广阔，运输距离和运输时间较长，就会导致易腐农产品采摘时间的延长。因此合理采摘就成为易腐农产品获得稳产、高产、优质的重要措施之一。合理采摘就是要根据产品品种、气候条件、生长时间、长势及不同肥水水平等因素，结合市场需求采摘，做到采摘和留养结合，以达到持续、优质、高产的目的。

5.2.3.2　从流通的角度，批发商应提高冷藏保鲜技术，具备一定的深加工能力

前述可以看出，在集中决策下，零售商占有了整个供应链的利润，生产商与批发商在利润方面是竞争关系，二者的利润总和为零。这也正好印证了市场营销理念中的"终端为王"定律，现实中农产品零售市场的繁荣也能说明问题。每一次的通货膨胀、市场过热都会反映到易腐农产品零售市场或者是由该市场所引发，一方面，"蒜你狠""豆你玩"现象多次出现；另一方面，菜贱伤农现象反复上演。明显看出，集中决策下，零售商蚕食了生产商与批发商的利润。对于批发商，要提高冷藏保鲜技术，推广发达国家的低温保质经验，同时具备一定的深加工能力，以类似物流服务商的角色做好易腐农产品的运输、储存、分拣、加工工作。否则批发商甚至会有退出供应链的风险，三级供应体系变为生产商与零售商的两级直销体系。

5.2.3.3　从供应链组织的角度，应壮大合作组织，实现以销定产，建立合理的易腐农产品生产带

在农产品安全事故频发的背景下，组织模式对于易腐农产品供应链的意义非同寻常。近年来，我国在实现农业规模化生产方面进行了一些尝试，主要有4种模式：以批发市场为核心的"农户+批发市场"模式、以农产品加工（流通）企业为核心的"农户+企业"模式以及农产品加工（流通）企业自办农场的"直属农场+企业"模式和"农协+企业"模式。其中，第一种模式是我国目前主要的农产品供应组织模式，但是，这种模式所依赖的农产品生产方式是极度分散的小农经济，现代化的供应链管理手段难以实施②。

---

① 吴新生.荷兰现代农业成功经验对黄淮四市的借鉴与启示［J］.湖北农业科学，2011，50（10）：2152-2155.

② 张敏.农产品供应链组织模式与农产品质量安全［J］.农村经济，2010（8）：101-105.

随着农业产业化的推进，第二种、第三种模式应成为我国未来易腐农产品组织模式的主流。国外的实践已经证明，农业产业化的关键是农产品的企业化生产，建立农产品生产带、实现集群化生产是一种有效的选择，这样既能实现以销定产的订单式生产，减少库存，又能够建立可追溯的易腐农产品档案，确保食品安全。

5.3 本章小结

从网络信息成本共担的协调方式看，本书把订购成本分为传统渠道成本和网络渠道信息成本两部分，建立了新的成本利润模型。分析表明：实施 VMI 后，供应商的成本上升，订货商的成本下降，供应链总库存水平下降，最佳库存水平也明显降低；订货商的采购价格是决定供应链利益分配的一个重要指标；实现供应商与订货商双赢的条件是，网络信息成本对订购成本的节约必须由参与双方共同分享。

从对农户实施补贴协调的方式看，在生产商、批发商、零售商三级供应链的现行体制下，建立了供给模型，分析了各参与主体的分散决策和集中决策对供应链效率的影响，探讨了实现供应链协同的约束条件，并给出了增进供应链效率的政策建议：从生产技术的角度，生产商应提高采摘技术、延长产品的运输储存时间；从流通的角度，批发商应提高冷藏保鲜技术，具备一定的深加工能力；从供应链组织的角度，应壮大合作组织，实现以销定产，建立合理的易腐农产品生产带。

6 生鲜产品基于时变需求与物流服务不确定性的供应链协调

物流与供应链的协同与合作一直困扰着企业实践。比如，电商生鲜农产品领域的O2O模式大多仍处于亏损状态，自2021年第三季度以来，京东已连续亏损三个季度，总金额已超百亿[①]。解决企业运营痛点、梳理新型运营模式必须在理论层面加以创新。高志军等[②]认为，格兰诺维特镶嵌理论、专业分工理论、系统经济学理论是物流企业嵌入全球供应链的基础性理论。遗憾的是，上述理论未能在企业间深度合作方面实现突破，尤其是在智慧互联时代物流与供应链高度相关联的情形下。

事实上，互联网已经在本质上改变了商业规则，从传统的"试用—支付"到"支付—试用"，供应链上产品本身的改变并不大，真正改变的是服务，尤其是物流服务。无论是正向物流还是逆向物流，都因互联网销售行为而受益。在解决支付问题以后，能否通过"产品+质保服务""产品+物流服务"等新型合作模式满足消费者需求？这个问题催生出一个新的理论领域——产品与服务整合。

近年来，随着消费水平的不断提高，人们对健康、营养、安全的生鲜产品的消费需求日益高涨[③]。据报道，我国生鲜零售产业市场体量巨大且增长态势稳定，2022年生鲜零售市场规模达到5.3万亿元 。但由于生鲜产品具有易变质易腐烂的固有自然属性，其运输过程中的腐败问题仍然是生

---

① 京东一季度亏损近30亿，618能否成为新任CEO徐雷的"翻身仗"？[EB/OL].（2022-05-30）[2024-07-02].https://3g. 163. com/dy/article/H8KJHD300534T0DX. Html.

② 高志军，张萌，邵晴晴.第三方物流嵌入全球供应链的系统协同演化机理 [J].系统科学学报，2021，29（2）：105-110.

③ 王淑云，姜樱梅，牟进进.基于新鲜度的冷链一体化库存与定价联合决策[J].中国管理科学，2018，26（7）：132-141.

鲜产品供应链需要面对的一大挑战①。冷冻库、冷藏运输车等设施构成的冷链物流系统能够有效降低生鲜产品在运输过程的腐坏率。然而，我国现阶段冷链运输仍存在生鲜产品低温处理率不足、冷藏保鲜设施总量不足且分布不均、骨干冷链网络缺乏有效衔接等问题，同时由于生鲜冷库和冷链运输的建设费用较高，生鲜产品供应链上的各个节点企业均没有足够的动力单独对生鲜产品进行保鲜②。因此，加强生鲜产品供应链中节点企业间的合作与协调、优化冷链物流系统决策、有效管控生鲜产品货损是我国冷链物流发展亟需解决的重要问题，也是生鲜产品市场长期健康发展的根本保障。

6.1 文献综述与问题提出

6.1.1 文献综述

目前，国内外学者围绕生鲜产品供应链最优运营决策与协调问题已展开了广泛的研究。学者们分别探讨了生鲜产品供应链中的供应链融资③、信息共享④⑤、消费者行为⑥和销售模式⑦等话题。周永圣等考虑了新零售背景下不同类型消费者需求在生鲜产品渠道间的整合问题，结论表明生鲜供应商及零售商的最优决策与从线上平台流入线下门店自提消费者的额外

① 曹裕，李业梅，万光羽.基于消费者效用的生鲜农产品供应链生鲜度激励机制研究 [J]. 中国管理科学, 2018, 26 (2): 160-174.

② 王磊，但斌.考虑消费者效用的生鲜农产品供应链保鲜激励机制研究 [J]. 管理工程学报, 2015, 1 (1): 200-206.

③ TANG R, YANG L. Financing strategy in fresh product supply chains under e-commerce environment [J]. Electronic Commerce Research and Applications, 2020, 39: 100911.

④ LIU M, DAN B, ZHANG S, et al. Information sharing in an E-tailing supply chain for fresh produce with freshness-keeping effort and value-added service [J]. European Journal of Operational Research, 2021, 290 (2): 572-584.

⑤ KETZENBERG M, OLIVA R, WANG Y, et al. Retailer inventory data sharing in a fresh product supply chain [J]. European Journal of Operational Research, 2023, 307 (2): 680-693.

⑥ YAN B, CHEN X, CAI C, et al. Supply chain coordination of fresh agricultural products based on consumer behavior [J]. Computers & Operations Research, 2020, 123: 105038.

⑦ YANG L, TANG R. Comparisons of sales modes for a fresh product supply chain with freshness-keeping effort [J]. Transportation Research Part E: Logistics and Transportation Review, 2019, 125: 425-448.

消费有关①。董振宁等人对比研究了集中决策、供应商主导和零售商主导下生鲜产品供应链的均衡决策，设计了"保鲜成本分担"契约改善供应商和零售商双方利润②。董（Dong）等人建立了一个具有多个上游供应商的三层生鲜供应链模型，研究采用可追溯技术对生鲜产品供应链的影响③。值得注意的是，与传统供应链不同，生鲜产品供应链非常重视产品在运输过程中的保鲜。研究表明：生鲜产品的腐败率在西方国家达到15%④，在中国达到25%~35%⑤。赵闯等人运用贝叶斯网络构造风险评估模型，分别从信息技术、设施设备、人员操作以及外部环境四个方面对生鲜物流配送展开了风险评估并提出了相关风险规避措施⑥。实践中，生鲜零售商通过冷链运输和优先配送来处理保鲜问题。蔡（Cai）等人认为零售商的保鲜努力水平取决于易腐性、保鲜成本和批发价格⑦。杨亚等人研究了在生鲜产品新鲜度信息不对称条件下，投资无线射频识别（RFID）技术能否受益及如何协调技术投资后的供应链收益的问题⑧。叶俊等人针对生鲜农产品跨境贸易模式选择以及保鲜问题，在考虑冷链物流服务的基础上，基于FOB、CIF和DAP三种贸易模式分别构建了生鲜农产品供应链 Stackelberg 博弈模型，分析了不同模式下冷链物流服务水平的差异⑨。生鲜产品的运输有时也会依赖于第三方物流服务商。吴（Wu）等人考虑了零售商采购一

---

① 周永圣，陈蕴，卢强. 新零售背景下考虑不同类型消费者需求整合的生鲜供应链决策研究 [J]. 系统科学与数学，2021，41（11）：3193-3206.

② 董振宁，周雪君，林强. 考虑保鲜努力的生鲜农产品供应链协调 [J]. 系统工程学报，2022，37（3）：362-374.

③ DONG L, JIANG P, XU F. Impact of traceability technology adoption in food supply chain networks [J]. Management Science, 2023, 69（3）: 1518-1535.

④ FERGUSON M, KETZENBERG M E. Information sharing to improve retail product freshness of perishables [J]. Production and Operations Management, 2006, 15（1）: 57-73.

⑤ YANG L, TANG R, CHEN K. Call, put and bidirectional option contracts in agricultural supply chains with sales effort [J]. Applied Mathematical Modelling, 2017, 47: 1-16.

⑥ 赵闯，郎坤. 基于贝叶斯网络的生鲜物流风险评估 [J]. 系统科学与数学，2020，40（11）：2108-2124.

⑦ CAI X, CHEN J, XIAO Y, et al. Fresh-product supply chain management with logistics outsourcing [J]. Omega, 2013, 41（4）: 752-765.

⑧ 杨亚，范体军，张磊. 生鲜农产品供应链 RFID 技术投资决策及协调 [J]. 系统工程学报，2018，33（6）：823-833.

⑨ 叶俊，顾波军，付雨芳. 不同贸易模式下生鲜农产品供应链冷链物流服务与定价决策 [J]. 中国管理科学，2023，31（2）：95-107.

定数量的生鲜产品并将其物流外包给第三方物流服务服务商的情形①，黄和胡（Huang and Hu）分析了在线生鲜零售商与第三方物流服务商在不同保鲜条件下的合作②。在如何采用合同契约协调生鲜产品供应链的问题上，闫（Yan）等设计了一种收益共享合约，以解决供应链中的公平问题③。刘（Liu）等设计了一种新型合同激励物流服务提供商在产品保鲜期内保持产品新鲜度④。张旭梅等在不确定需求下研究政府补贴对考虑公益性时生鲜冷链保鲜投入的影响，通过构建分散式和集中式生鲜冷链保鲜投入补贴博弈模型，设计"成本分担"契约和"收益共享+转移支付"契约，对补贴策略进行改善⑤。

6.1.2　文献述评

显然，供应链参与主体提供了产成品，其他机构为供应链提供资金流、物流、信息流、商流、订单流等服务，尤其是"产品+物流服务"。然而，现有文献对物流系统与供应链系统的相互融合挖掘不够，正如行业专家所指出的"电商企业的艰难前行让我们认识到，供应链的管理能力始终是农产品流通的关键"。同时，越来越多的生鲜电商意识到，物流已经成为制约电商供应链迅速发展的一大瓶颈⑥。

Szalavetz⑦解释了服务的价值所在，指出了内外部服务对制造企业获得竞争优势、对消费者影响力的极端重要性。本书认为，服务一定是在供应链环节提供产品基础上的服务，不存在不以产品为载体的"纯服务"。基

---

①　WU Q, MU Y, FENG Y. Coordinating contracts for fresh product outsourcing logistics channels with power structures [J]. International Journal of Production Economics, 2015, 160: 94-105.

②　HUANG Q, HU Y. Fresh product e-tailer's optimal fresh-keeping strategy under direct sales mode [J]. JUSTC, 2022, 52 (8): 1-13.

③　YAN B, CHEN X, CAI C, et al. Supply chain coordination of fresh agricultural products based on consumer behavior [J]. Computers & Operations Research, 2020, 123: 105038.

④　LIU C, LV J, HOU P, et al. Disclosing products' freshness level as a non-contractible quality: optimal logistics service contracts in the fresh products supply chain [J]. European Journal of Operational Research, 2023, 307 (3): 1085-1102.

⑤　张旭梅, 朱江华, 但斌, 等. 考虑补贴和公益性的生鲜冷链保鲜投入激励 [J]. 系统工程理论与实践, 2022, 42 (3): 738-754.

⑥　徐广姝. 基于粗糙集的电商物流服务质量评价应用研究: 以生鲜电商为例 [J]. 中国流通经济, 2019 (7): 35-44.

⑦　SZALAVETZ A. Sterilization of manufacturing industry in the new economy: experiences in hungarian companies [J]. Journal of Marketing, 2003, 134-135.

于供应链中物流、信息流、资金流、碳流的内涵，从不同学科的视角看，"产品+服务"的分类见表6.1。

表6.1　"产品+服务"的分类

视角	类型	供给侧	需求侧
商品学 质量学 物流学	产品+维修服务 产品+质保服务 产品+物流服务	退换货服务 质保服务 正向物流、逆向物流	三包服务 退货险、延保险 快递、外卖、退换货服务
金融学	产品+金融服务	供应链金融、物流金融	消费信贷
生态学	产品+碳服务	碳减排	绿色消费
……	……	……	……

在前述五种类型中，又可以归纳为两类：一是市场机制下的以利益为导向的服务模式，即"产品+维修服务""产品+质保服务""产品+物流服务""产品+金融服务"等；二是政府机制下的以配额为导向的服务模式，即"产品+碳服务"。

然而，较少的研究会关注到生鲜产品销售期内新鲜程度、腐败程度与时间的关联，消费者对生鲜产品新鲜度的关注也必然引起其需求的变化，且很少学者考虑生鲜供应链中物流服务的不确定性。鉴于此，本章将考察由供应商、零售商和一群消费者构成的生鲜产品供应链在面临由产品新鲜度引起的时变需求与物流服务不确定时的优化决策，并分析收益共享契约对供应链的协调效果，为新零售背景下的生鲜供应链的管理实践提供参考。

6.1.3　问题提出

基于"产品+物流服务"的视角，当考虑供应链中生鲜产品面临时变需求、物流服务面临不确定性时，本章讨论的问题有：第一，供应链效率（分散决策利润/集中决策利润）是上升还是下降？第二，物流不确定性对生鲜供应商、生鲜零售商的影响有多大？第三，如何通过契约设计来优化和协调供应链效率，使得生鲜供应链的"产品+物流服务"运营更加科学有效？本书基于上述问题的研究，将为物流与供应链协同领域解决生鲜运营难题提供决策参考。

57

6.2 生鲜产品供应链基准决策模型

6.2.1 问题描述

本书基于市场机制下的以利益为导向的服务模式，考虑一个由生鲜供应商（用 s 表示）、生鲜零售商（用 r 表示）以及一群消费者构成的生鲜产品供应链（见图 6.1）。生鲜零售商从供应商处以批发价 w 批发 Q 数量的生鲜产品后以 p 的价格销售。供应商提供物流服务，在整个销售期 T 内存在物流不确定性 l。不失一般性，假定 $0 \leqslant l \leqslant Q$。由于生鲜供应商采用冷链物流运输产品，假设产品新鲜度在运输过程中不会受到损坏，而零售商收到生鲜产品进入销售期后产品新鲜度会随着时间 t 以及零售商的保鲜努力 u（$0 < u < 1$）改变。参考王磊等[①]的做法，产品新鲜度在销售期的变化过程由新鲜度时变函数 $\theta_{(t)}$ 与新鲜度腐败率函数 η 共同控制，计算方法为

$$\theta_{(t)} = \theta_0 - \eta \left(\frac{t}{T} \right)^{\frac{1}{2}} [②]$$

θ_0 为生鲜产品的初始新鲜度，即供应商将生鲜产品运抵零售商时的产品新鲜度。该生鲜产品腐败率函数为 $\eta = (1 - u) \eta_0$，其中 $\eta_0 > 0$ 为产品的基础腐败率，是生鲜产品的自然属性之一。

在生鲜市场，新鲜度是影响消费者购买行为的主要因素之一[③④]。生鲜零售商为降低生鲜产品的腐坏率会做出一定程度的保鲜努力，零售商付出该保鲜努力后可提高产品质量，增加销量，但是需要付出 $c_{(u)}$ 的保鲜成本。参考刘墨林等[⑤]的做法，该成本函数为 $c_{(u)} = \frac{1}{2} m u^2$，其中 $m > 0$ 为

---

① 王磊，但斌. 考虑消费者效用的生鲜农产品供应链保鲜激励机制研究 [J]. 管理工程学报，2015，1（1）：200-206.

② ZHENG Q, IEROMONACHOU P, FAN T, et al. Supply chain contracting coordination for fresh products with fresh-keeping effort [J]. Industrial Management & Data Systems, 2017, 117 (3)：538-559.

③ 胡定寰，俞海峰，Reardon T. 中国超市生鲜农副产品经营与消费者购买行为 [J]. 中国农村经济，2003（8）：12-17.

④ TSIROS M, HEILMAN C M. The effect of expiration dates and perceived risk on purchasing behavior in grocerystore perishable categories [J]. Journal of marketing, 2005, 69 (2)：114-129.

⑤ 刘墨林，但斌，马嵩萱. 考虑保鲜努力与增值服务的生鲜电商供应链最优决策与协调 [J]. 中国管理科学，2020，28（8）：76-88.

保鲜努力水平对保鲜成本影响系数，显然零售商投入保鲜努力水平越高，其必须付出的保鲜成本越高，且保鲜成本的增加值呈递增趋势（见图6.1）。此外，本章还需要以下假设条件：

假设1：供应商和零售商均足够了解市场并且供应商的生产能力能够满足市场需求，因此订单量等于需求，同时忽略该生鲜产品的交付周期；

假设2：零售商与供应商风险中性，追求最大利润；

假设3：保鲜努力对新鲜度腐败率影响系数归一化为1；

假设4：在一个销售期 T 内，任意时刻内购买生鲜产品的市场潜在需求规模为1。

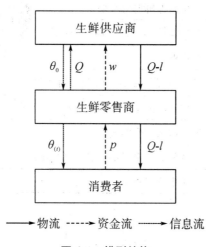

图6.1 模型结构

本章涉及的模型参数符号及含义见表6.2。

表6.2 模型参数符号及含义

符号	含义
i	$i = \{AC，AD，BC，BD\}$。$\dfrac{A}{B}$：不考虑物流不确定/考虑物流不确定；$\dfrac{C}{D}$：集中决策/分散决策
j	$j = \{s，r\}$。s：生鲜供应商；r：生鲜零售商
$U_{(t)}^{i}$	i 情境下的 t 时刻消费者购买产品的效用，U_0 为初始新鲜度下购买产品的效用
$D_{(t)}^{i}$	i 情境下的 t 时刻的需求

表6.2(续)

符号	含义
Q^i	i 情境下零售商的订单量
Π_j^i	i 情境下 j 的利润
p^i	i 情境下的产品售价
w^i	i 情境下的批发价
α	消费者对价格的敏感性系数
β	消费者对生鲜产品新鲜度的敏感性系数
u	零售商保鲜努力水平
η	产品腐坏率, η_0 为基准腐坏率
T	销售期
$\theta_{(t)}$	t 时刻产品新鲜度, θ_0 为初始新鲜度
c	单位产品的生产及物流成本
$c_{(\mu)}$	保鲜努力产生的成本
m	保鲜努力水平对保鲜成本影响系数
l	物流不确定水平

6.2.2 需求函数

生鲜产品的市场需求基于消费者时变效用函数进行推导[①]。消费者对该生鲜产品的时变效用函数采用加法形式,将其设为: $U_{(t)} = U_0 - \alpha p + \beta \theta_{(t)}$,其中 $\alpha \in (0, 1)$ 、 $\beta \in (0, 1)$ 分别为消费者对生鲜产品价格和新鲜度的敏感系数, U_0 为消费者对该种生鲜产品的初始认知价值,服从 $[0, 1]$ 均匀分布。由于消费者只有在任意时刻购买生鲜农产品的效用 $U_{(t)}$ 大于0,消费者才会选择购买,否则放弃购买,亦即此时消费者购买生鲜产品的概率为 $P(U_{(t)} > 0)$ 。根据假设4,任意时刻购买该生鲜产品的市场潜在需求规模为1,则任一时刻 t ,该生鲜产品供应链系统面临的市场购买量为 $D_{(t)} = P(U_{(t)} > 0)$ 。将消费者时变效用函数和生鲜农产品

① ZHENG Q, IEROMONACHOU P, FAN T, et al. Supply chain contracting coordination for fresh products with fresh-keeping effort [J]. Industrial Management & Data Systems, 2017, 117 (3): 538-559.

的新鲜度时变函数代入可得

$$D_{(t)} = P\left(U_0 - \alpha p + \beta\left(\theta_0 - \eta\left(\frac{t}{T} \right)^{\frac{1}{2}} \right) > 0 \right)$$

$$= 1 - \alpha p + \beta\left(\theta_0 - (1 - u)\,\eta_0\left(\frac{t}{T} \right)^{\frac{1}{2}} \right) \qquad (6.1)$$

式（6.1）描述了任意时刻整个生鲜供应链系统所面临的需求，在一个销售周期 T 内，当不考虑物流不确定性时，该供应链系统实际销售的生鲜产品总量为 $Q^A = \int_0^T D_{(t)}\,\mathrm{d}t = \int_0^T \left(1 - \alpha p + \beta\left(\theta_0 - (1 - u)\,\eta_0\left(\frac{t}{T} \right)^{\frac{1}{2}} \right) \right)\,\mathrm{d}t$。当考虑物流不确定时，该供应链系统实际销售的生鲜产品总量为 $Q^B = \int_0^T D_{(t)}\,\mathrm{d}t - l = \int_0^T \left(1 - \alpha p + \beta\left(\theta_0 - (1 - u)\,\eta_0\left(\frac{t}{T} \right)^{\frac{1}{2}} \right) \right)\,\mathrm{d}t - l$。在求解得到需求之后本章先讨论基准模型（不考虑物流不确定性）下集中决策模型与分散决策模型下的均衡结果及相关结论。

6.2.3　集中决策模型

在不考虑物流不确定时，此时集中决策下供应链的利润函数为

$$\Pi^{AC}_{(p,\,u)} = (p - c)\,Q^{AC} - c_{(u)} = (p - c)\int_0^T \left(1 - \alpha p + \right.$$

$$\left. \beta\left(\theta_0 - (1 - u)\,\eta_0\left(\frac{t}{T} \right)^{\frac{1}{2}} \right) \right)\,\mathrm{d}t - \frac{1}{2}mu^2 \qquad (6.2)$$

根据一阶偏导 $\dfrac{\partial \Pi^{AC}_{(p,\,u)}}{\partial p} = 0$，$\dfrac{\partial \Pi^{AC}_{(p,\,u)}}{\partial u} = 0$，并联立求解可得到集中决策下最优定价 $p^{AC*} = \dfrac{4cT\beta^2\eta_0^2 - m(9(1 + c\alpha + \beta\theta_0) - 6\beta\eta_0)}{4T\beta^2\eta_0^2 - 18m\alpha}$ 与最优保鲜努力水平 $u^{AC*} = \dfrac{T\beta\eta_0(2\beta\eta_0 - 3(1 + \beta\theta_0 - c\alpha))}{2T\beta^2\eta_0^2 - 9m\alpha}$，由于 $\dfrac{\partial^2 \Pi^{AC}_{(p,\,u)}}{\partial p\partial u} = \dfrac{2T\beta\eta_0}{3} > 0$，则当且仅当 $0 < T < \dfrac{9m\alpha}{2\beta^2\eta_0^2}$ 时，二阶海塞矩阵 $H_2 =$

$$\begin{bmatrix} -2T\alpha & \dfrac{2T\beta\,\eta_0}{3} \\ \dfrac{2T\beta\,\eta_0}{3} & -m \end{bmatrix}$$ 为负定，p^{AC*} 和 u^{AC*} 是集中决策下唯一最优解，将 p^{AC*} 和 u^{AC*} 代入式（6.2）可得集中决策下该生鲜供应链系统的最优利润

$$\Pi_{(p,\,u)}^{AC*} = \frac{mT\,(3(1-c\alpha+\beta\theta_0)-2\beta\eta_0)^2}{36m\alpha - 8T\beta^2\eta_0^2}。$$

在集中决策下，对订单量进行敏感性分析，得到命题 1 如下。

命题 1 在满足条件 $0 < T < \dfrac{9m\alpha}{2\beta^2\eta_0^2}$ 时，则有：

（1）$\dfrac{\partial Q}{\partial m} < 0$；$\dfrac{\partial Q}{\partial c} < 0$；$\dfrac{\partial Q}{\partial T} > 0$；$\dfrac{\partial Q}{\partial \alpha} < 0$；$\dfrac{\partial Q}{\partial \theta_0} > 0$

（2）当 $0 < T < T_2$ 时，$\dfrac{\partial Q}{\partial \beta} < 0$

当 $T_2 < T < \dfrac{9m\alpha}{2\beta^2\eta_0^2}$ 时，$\dfrac{\partial Q}{\partial \beta} > 0$

（3）当 $0 < T < \dfrac{9m\alpha}{2\beta\eta_0(3(1-c\alpha+\beta\theta_0)-\beta\eta_0)}$ 时，$\dfrac{\partial Q}{\partial \eta_0} < 0$

当 $\dfrac{9m\alpha}{2\beta\eta_0(3(1-c\alpha+\beta\theta_0)-\beta\eta_0)} < T < \dfrac{9m\alpha}{2\beta^2\eta_0^2}$ 时，$\dfrac{\partial Q}{\partial \eta_0} > 0$

证明过程及 T_1、T_2、T_3 见后续（表6.8）。同时对均衡结果进行敏感性分析得到相关结论（见表6.3）。

表6.3　集中决策情境下相关参数对均衡结果的影响

影响参数	均衡结果		
	保鲜努力水平	零售价	利润
m	↓	↓	↓
c	↓	当 $0 < T < \dfrac{9m\alpha}{4\beta^2\eta_0^2}$ 时，↓； 当 $\dfrac{9m\alpha}{4\beta^2\eta_0^2} < T < \dfrac{9m\alpha}{2\beta^2\eta_0^2}$ 时，↑	↓
T	↑	↑	↑
α	↓	↓	↓

表6.3(续)

影响参数	均衡结果		
	保鲜努力水平	零售价	利润
β	$0 < T < \dfrac{3m\alpha(3(1-c\alpha+2\beta\theta_0)-4\beta\eta_0)}{2\beta^2\eta_0^2(c\alpha-1)}$ 时，↑；否则↓	$\max(0,T_1) < T < T_2$ 时，↓；否则↑	$\max(0,T_1) < T < T_3$ 时，↓；否则↑
η_0	$0 < T < \dfrac{12m\alpha\beta\eta_0}{2\beta^2\eta_0^2(1-c\alpha+\beta\theta_0)} - \dfrac{9m\alpha}{2\beta^2\eta_0^2}$ 时，↓；否则↑	$0 < T < \dfrac{9m\alpha}{2\beta\eta_0(3(1-c\alpha+\beta\theta_0)-\beta\eta_0)}$ 时，↓；否则↑	↓
θ_0	↑	↑	↑

注：↑表示均衡结果随影响参数增大递增，↓表示均衡结果随影响参数增大而递减。

6.2.4　分散决策模型

与相关研究类似，在分散决策下，供应商和零售商不再属于同一个公司，而是相互之间存在斯坦伯格博弈关系。生鲜供应商作为领导者会先决策批发价 w，然后零售商作为跟随者面向市场需求决策单位售价 p 以及保鲜努力水平 u，最后是消费者根据自身效用作出购买决策，具体决策过程如图 6.2 所示。

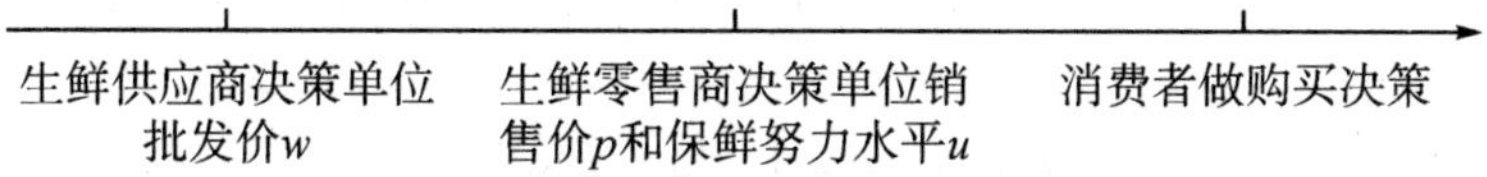

图 6.2　决策事件过程

此时，面对供应商给定的批发价 w 而言，生鲜零售商的利润函数为

$$\Pi^{AD}_{r(p,u)} = (p-w)Q^{AD} - c_{(u)}$$

$$= (p-w)\int_0^T \left(1-\alpha p+\beta\left(\theta_0-(1-u)\eta_0\left(\frac{t}{T}\right)^{\frac{1}{2}}\right)\right)dt - \frac{1}{2}mu^2$$

$$(6.3)$$

当且仅当 $0 < T < \dfrac{9m\alpha}{2\beta^2\eta_0^2}$ 时，二阶海塞矩阵 $H_2 = \begin{bmatrix} -2T\alpha & \dfrac{2T\beta\eta_0}{3} \\ \dfrac{2T\beta\eta_0}{3} & -m \end{bmatrix}$ 为

负定，此时，由 $\dfrac{\partial \Pi_{r(p,\ u)}^{\mathrm{AD}}}{\partial p} = 0$ 和 $\dfrac{\partial \Pi_{r(p,\ u)}^{\mathrm{AD}}}{\partial u} = 0$ 求得生鲜零售商的最优定价

以及保鲜水平为

$$p_{(w)}^{\mathrm{AD}*} = \frac{3m(3 + 3\alpha w - 2\beta\eta_0 + 3\beta\theta_0) - 4Tw\beta^2\eta_0^2}{2(9m\alpha - 2T\beta^2\eta_0^2)} \quad (6.4)$$

$$u_{(w)}^{\mathrm{AD}*} = \frac{T\beta\eta_0(3 + 3\beta\theta_0 - 3w\alpha - 2 - 2\beta\eta_0)}{9m\alpha - 2T\beta^2\eta_0^2} \quad (6.5)$$

同时供应商利润为

$$\Pi_{s(w)}^{\mathrm{AD}} = (w - c)\, Q^{\mathrm{AD}} = (w - c)\int_0^T \left(1 - \alpha p + \beta\left(\theta_0 - (1 - u)\,\eta_0\left(\frac{t}{T}\right)^{\frac{1}{2}}\right)\right)\mathrm{d}t$$

$$(6.6)$$

将式（6.4）（6.5）代入式（6.6），发现此时 $\dfrac{\partial^2 \Pi_{s(w)}^{\mathrm{AD}}}{\partial w^2} = \dfrac{9mT\alpha^2}{2T\beta^2\eta_0^2 - 9m}$

< 0，根据一阶偏导 $\dfrac{\partial \Pi_{s(w)}^{\mathrm{AD}}}{\partial w} = 0$，得到的最优批发价格为

$$w^{\mathrm{AD}*} = \frac{3(1 + \alpha c + \beta\theta_0) - 2\beta\eta_0}{6\alpha} \quad (6.7)$$

将式（6.7）代入式（6.4）、式（6.5），得到的分散决策下生鲜零售
商最优定价为

$$p^{\mathrm{AD}*} = \frac{27m\alpha(3 + \alpha c - 2\beta\eta_0 + 3\beta\theta_0) - 4T\beta^2\eta_0^2(3(1 + \alpha c + \beta\theta_0) - 2\beta\eta_0)}{12\alpha(9m\alpha - 2T\beta^2\eta_0^2)}$$

与最优保鲜水平 $u^{\mathrm{AD}*} = \dfrac{T\beta\eta_0(2\beta\eta_0 - 3(1 + \beta\theta_0 - \alpha c))}{4T\beta^2\eta_0^2 - 18m\alpha}$。

综上，满足条件 $0 < T < \dfrac{9m\alpha}{2\beta^2\eta_0^2}$ 时，$p^{\mathrm{AD}*}$、$u^{\mathrm{AD}*}$ 和 $w^{\mathrm{AD}*}$ 是分散决策下

唯一最优解。将 $p^{\mathrm{AD}*}$、$u^{\mathrm{AD}*}$ 和 $w^{\mathrm{AD}*}$ 分别代入式（6.3）和式（6.6），得到
分散决策下生鲜供应商与生鲜零售商的最优利润分别为

$$\Pi_{r(p,\ u)}^{\mathrm{AD}*} = \frac{mT(3(1 + \beta\theta_0 - \alpha c) - 2\beta\eta_0)^2}{16(9m\alpha - 2T\beta^2\eta_0^2)}$$

$$\Pi_{s(w)}^{\mathrm{AD}*} = \frac{mT(3(1 + \beta\theta_0 - \alpha c) - 2\beta\eta_0)^2}{8(9m\alpha - 2T\beta^2\eta_0^2)}$$

在分散决策下，对均衡结果进行敏感性分析并得到相关结论（见表6.4）。

表 6.4 分散决策情境下相关参数对均衡结果的影响

均衡结果\影响参数	供应商批发价	零售商保鲜努力水平	零售商零售价	供应商利润	零售商利润
m	/	→	→	→	→
c	↑	→	↑	→	→
T	/	↑	↑	↑	↑
α	→	→	→	→	→
β	当 $0<\theta_0<\dfrac{2\eta_0}{3}$ 时，↑；当 $\theta_0>\dfrac{2\eta_0}{3}$ 时，↓	当 $0<T<T_4$ 时，↓；当 $T_4<T<\dfrac{9m\alpha}{2\beta^2\eta_0^2}$ 时，↑	—	$\max(0,T_6)<T<T_3$ 时，↑；否则 ↓	$\max(0,T_6)<T<T_3$ 时，↑；否则 ↓
η_0	↓	当 $0<T<T_5$ 时，↓；当 $T_5<T<\dfrac{9m\alpha}{2\beta^2\eta_0^2}$ 时，↑	—	当 $\dfrac{3m\alpha}{\dfrac{T\beta(1-c\alpha+\beta\theta_0)}{3}\Big/\dfrac{(1-c\alpha+\beta\theta_0)}{2\beta}}<\eta_0$ 时，↑；否则 ↓	当 $\dfrac{3m\alpha}{\dfrac{T\beta(1-c\alpha+\beta\theta_0)}{3}\Big/\dfrac{(1-c\alpha+\beta\theta_0)}{2\beta}}<\eta_0$ 时，↑；否则 ↓
θ_0	↑	↑	—	↑	↑

注：↑表示均衡结果随参数增大递增，↓表示均衡结果随影响参数增大递减。T_4、T_5、T_6见附录表 6.8。

6.2.5 不考虑物流不确定时集中决策与分散决策的比较

前文已分别求解得到了不考虑物流不确定时集中决策和分散决策下生鲜供应链系统的最优价格、最优保鲜努力水平和最优利润的表达式，为便于直观呈现集中决策和分散决策下下的均衡结果，对比分析相关结论，整理两种情形下的均衡结果如表6.5所示。从表6.5中不难分析得出集中决策下最优保鲜努力水平高于分散决策，这是因为在集中决策下，提供物流保鲜服务的主体也是直接面向消费者销售生鲜产品的主体，其能够直接享受到保鲜服务带来的收益，因此会提供更高水平的保鲜努力，由此进一步分析可以得到两种情形下订单量的结论：

命题2 当不考虑物流不确定时，集中决策下生鲜供应链系统可以获得更大的订单量，即 $Q^{AD*} < Q^{AC*}$。

命题3 当不考虑物流不确定时，生鲜供应链系统可以通过集中决策进行协调，$w^* = c$ 即可。同时，集中决策下生鲜供应链成员盈利更多，即 $\Pi_{s(w)}^{AD*} + \Pi_{r(p,u)}^{AD*} < \Pi_{(p,\mu)}^{AC*}$。

为进一步说明不考虑物流不确定性下集中决策与分散决策对供应链成员利润的影响，接下来将给出数值算例，进一步分析产品基本腐败率以及消费者对生鲜产品新鲜度偏好对利润的影响。相关参数的赋值见表6.5。

表6.5 相关参数的赋值

α	m	θ_0	c	T
0.2	0.3	1	0.5	10

将表6.5中的各参数代入相关表达式，由 Matlab 运算，分别令 $\eta_0 = 0.1$，$\eta_0 = 0.3$，$\eta_0 = 0.5$，得到图6.3，分析不同产品的腐败率下消费者新鲜度偏好对利润的影响。

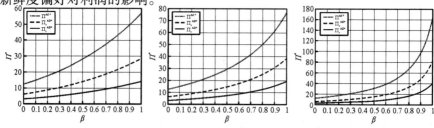

注：从左到右，$\eta_0 = 0.1$，$\eta_0 = 0.3$，$\eta_0 = 0.5$。

图6.3 消费者新鲜度偏好对利润的影响

表 6.6 不考虑物流不确定时的均衡结果

	w^*	p^*	μ^*	ϱ^*	Π_s^*	Π_r^*
集中决策	—	$\dfrac{4cT\beta^2\eta_0^2-m(9(1+c\alpha+\beta\theta_0)-6\beta\eta_0)}{4T\beta^2\eta_0^2-18m\alpha}$	$\dfrac{T\beta\eta_0(2\beta\eta_0-3(1+\beta\theta_0-c\alpha))}{2T\beta^2\eta_0^2-9m\alpha}$	$\dfrac{3mT\alpha(3(1-c\alpha)-2\beta\eta_0+3\beta\theta_0)}{4T\beta^2\eta_0^2-18m\alpha}$	$\dfrac{mT(3(1-c\alpha)-2\beta\eta_0+3\beta\theta_0)^2}{36m\alpha-8T\beta^2\eta_0^2}$	—
分散决策	$\dfrac{3(1+\alpha c+\beta\theta_0)-2\beta\eta_0}{6\alpha}$	$\dfrac{1}{12\alpha(9m\alpha-2T\beta^2\eta_0^2)}\big(27m\alpha(3+\alpha c-2\beta\eta_0+3\beta\theta_0)-4T\beta^2\eta_0^2(3(1+\alpha c+\beta\theta_0)-2\beta\eta_0)\big)$	$\dfrac{T\beta\eta_0(2\beta\eta_0-3(1+\beta\theta_0-\alpha c))}{4T\beta^2\eta_0^2-9m\alpha}$	$\dfrac{3mT\alpha(3(\alpha c-1)+2\beta\eta_0+3\beta\theta_0)}{8T\beta^2\eta_0^2-36m\alpha}$	$\dfrac{mT(3(1-c\alpha)-2\beta\eta_0+3\beta\theta_0)^2}{8(9m\alpha-2T\beta^2\eta_0^2)}$	$\dfrac{mT(3(1-c\alpha)-2\beta\eta_0+3\beta\theta_0)^2}{16(9m\alpha-2T\beta^2\eta_0^2)}$

表 6.7 考虑物流不确定时的均衡结果

	w^*	p^*	μ^*	ϱ^*	Π_s^*	Π_r^*
集中决策	—	$\dfrac{1}{2T(2T\beta^2\eta_0^2-9m\alpha)}\big(9m+T(4cT\beta^2\eta_0^2-3m(1+\beta\theta_0-c\alpha))\big)$	$\dfrac{1}{2T\beta^2\eta_0^2-9m\alpha}\big(\beta\eta_0(3l+T(2\beta\eta_0-3(1+\beta\theta_0-c\alpha)))\big)$	$\dfrac{1}{18m\alpha-4T\beta^2\eta_0^2}\big(l(9m\alpha-4T\beta^2\eta_0^2)+3mT\alpha(3(1-c\alpha)-2\beta\eta_0+3\beta\theta_0)\big)$	$\dfrac{m(3+T(3(c\alpha-1)+2\beta\eta_0-3\beta\theta_0))^2}{4T(9m\alpha-2T\beta^2\eta_0^2)}$	—
分散决策	$\dfrac{1}{6T\alpha}\big(T(3(1+\alpha c+\beta\theta_0)-2\beta\eta_0)-3l\big)$	$\dfrac{1}{12\alpha(9m\alpha-2T\beta^2\eta_0^2)}\big(27m\alpha(3+\alpha c-2\beta\eta_0+3\beta\theta_0)-4T\beta^2\eta_0^2(3(1+\alpha c+\beta\theta_0)-2\beta\eta_0)\big)$	$\dfrac{1}{4T\beta^2\eta_0^2-18m\alpha}\big(\beta\theta_0(3l-T(3(1+\beta\theta_0-c\alpha)))\big)$	$\dfrac{1}{36m\alpha-8T\beta^2\eta_0^2}\big(l(27m\alpha-8T\beta^2\eta_0^2)+3mT\alpha(3-3c\alpha-2\beta\eta_0+3\beta\theta_0)\big)$	$\dfrac{1}{8T(9m\alpha-2T\beta^2\eta_0^2)}\big((9m\,l^2+m\,T^2(3-3c\alpha-2\beta\eta_0+3\beta\theta_0)^2-2lT(3m(3+9m\alpha-2\beta\eta_0-3\beta\theta_0)-8cT\beta^2\eta_0^2))\big)$	$\dfrac{m(3l+T(3c\alpha-3+2\beta\eta_0-3\beta\theta_0))^2}{16T(9m\alpha-2T\beta^2\eta_0^2)}$

67

从图 6.3 可以发现，当不考虑物流不确定时，集中决策比分散决策更能协调供应链，使供应链成员获得更高收益，这一发现也佐证了命题 3 的内容。同时，供应链成员的利润始终随着消费者对新鲜度偏好的提高而提高。当产品容易腐败时，消费者对产品新鲜度的看重往往能使供应链成员收获更高的利润。

6.3 物流不确定下生鲜供应链决策

6.3.1 集中决策模型

本节研究物流不确定下的情形①。集中决策下，供应链系统的利润为

$$\Pi_{(p,\,u)}^{BC} = (p - c)\left(\int_0^T D_{(t)}^{BC}\,\mathrm{d}t - l\right) - c_{(u)}$$

$$= (p - c)\left(\int_0^T \left(1 - \alpha p + \beta\left(\theta_0 - (1 - u)\,\eta_0\left(\frac{t}{T}\right)^{\frac{1}{2}}\right)\right)\mathrm{d}t - l\right) - \frac{1}{2}m\,u^2$$

与前述推导过程相似，发现当且仅当 $0 < T < \dfrac{9m\alpha}{2\beta^2\,\eta_0^2}$ 时，$p^{BC*} =$

$\dfrac{9lm + T(4cT\beta^2\,\eta_0^2 - 3m(3(1 + \beta\,\theta_0 - \alpha c) - 2\beta\,\eta_0))}{2T(2T\beta^2\,\eta_0^2 - 9m\alpha)}$ 和 $u^{BC*} =$

$\dfrac{\beta\,\eta_0(3l + T(2\beta\,\eta_0 - 3(1 + \beta\,\theta_0 - c\alpha)))}{2T\beta^2\,\eta_0^2 - 9m\alpha}$ 是集中决策下唯一最优解，将

p^{BC*} 和 u^{BC*} 代入式（6.2）可得集中决策下该生鲜供应链系统的最优利润

$$\Pi_{(p,\,u)}^{BC*} = \frac{m\,(3l - T(3(1 + \beta\,\theta_0 - \alpha c) - 2\beta\,\eta_0))^2}{4T(9m\alpha - 2T\beta^2\,\eta_0^2)}。$$

集中决策下，分别分析物流不确定性对生鲜供应链订单以及均衡结果产生的影响，得到命题 4 与命题 5。

命题 4 物流不确定性对生鲜供应链订单量的影响：当 $0 < T < \dfrac{9m\alpha}{4\beta^2\,\eta_0^2}$

---

① VENKATESH R, KAMAKURA W. Optimal bundling and pricing under a monopoly: Contrasting complements and substitutes from independently valued Products [J]. The Journal of Business, 2003, 76 (2): 211-232.

时，$\dfrac{\partial Q^{BC*}}{\partial l} > 0$；当 $\dfrac{9m\alpha}{4\beta^2\eta_0^2} < T < \dfrac{9m\alpha}{2\beta^2\eta_0^2}$ 时，$\dfrac{\partial Q^{BC*}}{\partial l} < 0$。

命题 5 当 $0 < T < \dfrac{9m\alpha}{2\beta^2\eta_0^2}$ 时，集中决策下物流不确定对保鲜努力、定价策略和供应链利润的影响：$\dfrac{\partial u^{BC*}}{\partial l} < 0$，$\dfrac{\partial p^{BC*}}{\partial l} < 0$，$\dfrac{\partial \Pi^{BC*}_{(p,u)}}{\partial l} < 0$。

6.3.2 分散决策模型

分散决策下，生鲜供应商与生鲜零售商的决策过程如图 6.3 所示。此时，面对供应商给定的批发价 w 而言，生鲜零售商的利润函数为

$$\Pi^{BD}_{r(p,u)} = (p-w)\left(\int_0^T D^{BD}_{(t)} \, dt - l\right) - c_{(\mu)}$$

$$= (p-w)\left(\int_0^T\left(1 - \alpha p + \beta\left(\theta_0 - (1-u)\,\eta_0\left(\dfrac{t}{T}\right)^{\frac{1}{2}}\right)\right)dt - l\right) - \dfrac{1}{2}mu^2$$

$$(6.8)$$

同理，当且仅当 $0 < T < \dfrac{9m\alpha}{2\beta^2\eta_0^2}$ 时，由 $\dfrac{\partial \Pi^{BD}_{r(p,u)}}{\partial p} = 0$ 和 $\dfrac{\partial \Pi^{BD}_{r(p,u)}}{\partial u} = 0$ 求得生鲜零售商的最优定价以及保鲜水平如下：

$$p^{BD*}_{(w)} = \dfrac{T(3m(3 + 3w\alpha - 2\beta\eta_0 + 3\beta\theta_0) - 4Tw\beta^2\eta_0^2) - 9ml}{2T(9m\alpha - 2T\beta^2\eta_0^2)} \quad (6.9)$$

$$u^{BD*}_{(w)} = \dfrac{\beta\eta_0(T(3 + 3\beta\theta_0 - 3w\alpha - 2\beta\eta_0) - 3l)}{9m\alpha - 2T\beta^2\eta_0^2} \quad (6.10)$$

同时供应商利润为

$$\Pi^{BD}_{s(w)} = (w-c)\left(\int_0^T D^{BD}_{(t)} \, dt - l\right)$$

$$= (w-c)\left(\int_0^T\left(1 - \alpha p + \beta\left(\theta_0 - (1-u)\,\eta_0\left(\dfrac{t}{T}\right)^{\frac{1}{2}}\right)\right)dt - l\right) \quad (6.11)$$

同理，得到分散决策下生鲜零售商最优定价 $p^{BD*} =$

$$\dfrac{3l(27m\alpha - 4T\beta^2\eta_0^2) - T((27m\alpha - 4T\beta^2\eta_0^2)(3(1 + \beta\theta_0 - \alpha c) - 2\beta\eta_0))}{12T\alpha(2T\beta^2\eta_0^2 - 9m\alpha)}$$

与最优保鲜水平 $u^{BD*} = \dfrac{\beta\theta_0(3l - T(3(1 + \beta\theta_0 - \alpha c) - 2\beta\eta_0))}{4T\beta^2\eta_0^2 - 18m\alpha}$ 以及生鲜

供应商最优批发价格 $w^{BD*} = \dfrac{T(3(1 + \beta\,\theta_0 - \alpha c) - 2\beta\,\eta_0) - 3l}{6T\alpha}$。

综上，满足条件 $0 < T < \dfrac{9m\alpha}{2\beta^2\,\eta_0^2}$ 时，p^{BD*}、u^{BD*} 和 w^{BD*} 是分散决策下唯一最优解。将 p^{BD*}、u^{BD*} 和 w^{BD*} 分别代入式（6.8）和式（6.11），得到分散决策下生鲜供应商与生鲜零售商的最优利润为

$$\Pi_{r(p,\,\mu)}^{BD*} = \frac{m\,(3l - T(3(1 + \beta\,\theta_0 - \alpha c) - 2\beta\,\eta_0))^2}{16T(9m\alpha - 2T\beta^2\,\eta_0^2)},$$

$$\Pi_{s(w)}^{BD*} = \frac{\begin{array}{c} 9m\,l^2 + m\,T^2\,(3(1 + \beta\,\theta_0 - \alpha c) - 2\beta\,\eta_0)^2 + \\ 2lT(8cT\beta^2\,\eta_0 - 3m(3(1 + \beta\,\theta_0 - 3\alpha c) - 2\beta\,\eta_0)) \end{array}}{8T(9m\alpha - 2T\beta^2\,\eta_0^2)}。$$

在分散决策下，分析物流不确定性对订单量以及均衡结果的影响。

命题 6 分散决策下物流不确定性对订单量的影响：当 $0 < T < \dfrac{27m\alpha}{8\beta^2\,\eta_0^2}$ 时，$\dfrac{\partial Q^{BC*}}{\partial l} > 0$；当 $\dfrac{27m\alpha}{8\beta^2\,\eta_0^2} < T < \dfrac{9m\alpha}{2\beta^2\,\eta_0^2}$ 时，$\dfrac{\partial Q^{BC*}}{\partial l} < 0$。

命题 7 分散决策下物流不确定性对定价、保鲜努力以及利润的影响：$\dfrac{\partial w^{BD*}}{\partial l} < 0$，$\dfrac{\partial \mu^{BD*}}{\partial l} < 0$，$\dfrac{\partial p^{BD*}}{\partial l} < 0$，$\dfrac{\partial \Pi_{s(w)}^{BD*}}{\partial l} < 0$，$\dfrac{\partial \Pi_{r(p,\,\mu)}^{BD*}}{\partial l} < 0$。

6.3.3 考虑物流不确定时集中决策与分散决策的比较

在考虑物流不确定下，集中决策与分散决策时的均衡结果如表 6.6 所示。分析发现此时仍为集中决策下保鲜努力水平更高。由于此时得到的解较为复杂，因此采用数值分析的方式比较物流不确定性对集中决策与分散决策情形下生鲜供应链成员利润的影响，参数设置参考表 6.5，令 $\beta = 0.5$，物流不确定性对利润的影响见图 6.4。

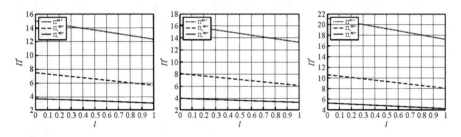

注：从左到右，$\eta_0 = 0.1$，$\eta_0 = 0.3$，$\eta_0 = 0.5$

图 6.4 物流不确定性对利润的影响

从图 6.4 可以看出，在考虑物流不确定时，无论是集中决策还是分散决策，生鲜产品供应链利润均会随着物流不确定性上升而下降。同时，集中决策下生鲜供应链总利润要大于分散决策下供应链成员利润之和。当生鲜产品基础腐坏率越高，即产品本身越容易腐坏时，生鲜零售商越能通过保鲜服务扩大需求从而获得更高的收益。

6.4 物流不确定性对供应链的影响及供应链协调

6.4.1 物流不确定性对供应链的影响

生鲜产品流通过程中的物流不确定性主要来源于生鲜产品在物流运输过程中的质量和数量的损耗[①]，包括运输过程中的意外、包装和内容物腐坏、损坏，以及订单未能有效抵达等。接下来，本章将通过对比分散决策下不考虑物流不确定性与考虑物流不确定性的均衡结果，进一步探究物流不确定性对生鲜供应链的影响。

命题 8 当 $0 < T \leq \dfrac{27m\alpha}{8\beta^2\eta_0^2}$ 时，$Q^{BD*} \geq Q^{AD*}$；当 $\dfrac{27m\alpha}{8\beta^2\eta_0^2} < T < \dfrac{9m\alpha}{2\beta^2\eta_0^2}$ 时，$Q^{BD*} < Q^{AD*}$。

首先，命题 8 描述了物流不确定性对订单量的影响，发现当产品销售期较短时，考虑物流不确定下订单量会大于不考虑物流不确定下的订单

---

① 王磊，但斌. 考虑质量与数量损耗控制的生鲜农产品保鲜策略研究 [J]. 中国管理科学，2023，31（8）：100-110.

量，而当产品销售期较长时，考虑物流不确定将导致更低的订单量。接下来，命题 9 阐释了物流不确定性对生鲜供应链成员定价策略、保鲜努力以及利润的影响。

命题 9 在满足条件：$0 < T < \dfrac{9m\alpha}{2\beta^2\eta_0^2}$ 时，则有：

① $u^{BD*} > u^{AD*}$。

② $w^{BD*} < w^{AD*}$。

③当 $0 < T < \dfrac{27m\alpha}{4\beta^2\eta_0^2}$ 时，$p^{BD*} < p^{AD*}$；当 $\dfrac{27m\alpha}{4\beta^2\eta_0^2} < T < \dfrac{9m\alpha}{2\beta^2\eta_0^2}$ 时，

$p^{BD*} > p^{AD*}$。

④物流不确定性对生鲜零售商和生鲜供应商利润的影响如下：

当 $0 < l < \dfrac{2T(3m(3(1+\beta\theta_0-3c\alpha)-2\beta\eta_0)-8cT\beta^2\eta_0^2)}{9m}$ 时，$\Pi_{s(w)}^{BD*}$

$< \Pi_{s(w)}^{AD*}$；

当 $\dfrac{2T(3m(3(1+\beta\theta_0-3c\alpha)-2\beta\eta_0)-8cT\beta^2\eta_0^2)}{9m} < l <$

$\min(Q^{BD*}, Q^{AD*})$ 时，$\Pi_{s(w)}^{BD*} > \Pi_{s(w)}^{AD*}$；

当 $0 < T < \dfrac{3l}{2(3(1-c\alpha+\beta\theta_0)-2\beta\eta_0)}$ 时，$\Pi_{r(p,\mu)}^{BD*} > \Pi_{r(p,\mu)}^{AD*}$；

当 $\dfrac{3l}{2(3(1-c\alpha+\beta\theta_0)-2\beta\eta_0)} < T < \dfrac{9m\alpha}{2\beta^2\eta_0^2}$ 时，$\Pi_{r(p,\mu)}^{BD*} <$

$\Pi_{r(p,\mu)}^{AD*}$。

命题 9 表明：①考虑物流不确定下零售商会采取比不考虑物流不确定时更高的保鲜水平；②物流不确定下，生鲜供应商会收取更低的批发价；③在考虑物流不确定下，当产品销售期较短时，生鲜零售商更偏向于制定一个较低的销售价格，而在销售期较长时，生鲜零售商更倾向于制定一个更高的价格来降低物流不确定性带来的负面影响；④命题 9 详细描述了物流不确定性对生鲜供应商与零售商的影响。当物流不确定性在一个较低水平时，不考虑物流不确定下供应商利润更大，而当物流不确定性超过某一阈值时，物流不确定性会带来正向需求的增加从而使得供应商利润更大。当产品销售期较短时，考虑物流不确定下生鲜零售商的利润大于不考虑物流不确定下的情况；相反，则是物流确定时的生鲜零售商利润更大。

此外，我们注意到在考虑物流不确定性时，供应链效率（$\frac{3}{4} - \frac{4clT(2T\beta^2\eta_0^2 - 9m\alpha)}{m(3l + T(-3 + 3c\alpha - 2\beta\eta_0 - 3\beta\theta_0))^2}$）会始终低于物流确定的情形（75%）。将表6.5的参数代入，作图6.5。可见，随着物流不确定性的增大，供应链效率呈下降趋势。为此，我们接下来引入了"收益共享"合同来协调供应链。

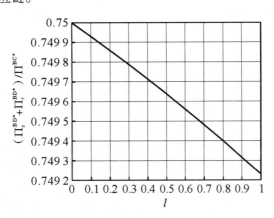

图6.5　物流不确定性对生鲜供应链效率的影响

6.4.2　生鲜供应链协调契约

在生鲜供应链中，有两种协调方式：一是政府以公益补贴等形式，通过设计契约强化补贴结果。张旭梅等[1]考虑了"收益共享+转移支付"契约在生鲜产品公益补贴中的作用，发现适度的公益补贴策略有效且能增进社会福利，而过度补贴恶化了整个供应链利润；二是市场化协调方式。本章在传统的批发价契约下发现：生鲜供应商的利润会减少、批发价会提高，生鲜零售商的保鲜水平更高、保鲜成本更大，为降低物流不确定性产生的负面影响，此时生鲜零售商有动力和生鲜供应商共享收益以支持供应商提高物流配送水平。因此假设在销售期开始前生鲜零售商主导与生鲜供应商签订"收益共享合同"[2]，确定销售期结束后与供应商分享 φ 比例的单位收

---

[1] 张旭梅，朱江华，但斌，等. 考虑补贴和公益性的生鲜冷链保鲜投入激励[J]. 系统工程理论与实践，2022，42（3）：738-754.

[2] 郑宇婷，李建斌，陈植元，等. 不确定需求下的冷链分销商最优决策[J]. 管理科学学报，2019，22（1）：94-106.

益以激励供应商提高物流水平。则此时供应商利润为

$$\Pi_{s(w)}^{ED} = (w - c + \varphi p) \left(\int_0^T D_{(t)}^{BD} \, dt - l \right)$$

$$= (w - c + \varphi p) \left(\int_0^T \left(1 - \alpha p + \beta \left(\theta_0 - (1 - u) \, \eta_0 \left(\frac{t}{T} \right)^{\frac{1}{2}} \right) \right) dt - l \right)$$

$$(6.12)$$

生鲜零售商的利润为

$$\Pi_{r(p,u)}^{ED} = ((1-\varphi) p - w) \left(\int_0^T D_{(t)}^{BD} \, dt - l \right) - c_{(\mu)}$$

$$= ((1-\varphi) p - w) \left(\int_0^T \left(1 - \alpha p + \beta \left(\theta_0 - (1-u) \, \eta_0 \left(\frac{t}{T} \right)^{\frac{1}{2}} \right) \right) dt - l \right) - \frac{1}{2} m \, u^2$$

$$(6.13)$$

为实现生鲜供应链协调，使得存在物流不确定下生鲜供应链的效率能够提高，将表 6.5 的参数代入计算结果，进行数值计算得到图 6.6。

通过图 6.6 可以得知，当收益共享比例越高时，生鲜供应链效率越大且不断逼近 100%，然而由于存在物流不确定性，供应链效率不会达到 100%。

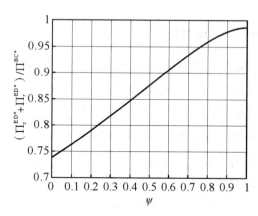

图 6.6　收益共享比例对生鲜供应链效率的影响（$\beta = 0.3$, $l = 5$）

6.5　本章小结

本书研究了由生鲜供应商、生鲜零售商和消费者构成的生鲜供应链，其中由生鲜供应商提供物流服务，由生鲜零售商提供保鲜努力。基于消费者时变效用函数研究了生鲜供应商与生鲜零售商的定价及保鲜策略。同时，关注了物流不确定性对生鲜供应链的影响，探讨了集中决策与分散决策下生鲜供应链的协调问题。得出如下结论与政策建议：

（1）从供应链整体看，随着物流不确定性增加，供应链效率明显降低，说明物流不确定性加剧了供应链自身固有的双重边际效应。因此，生鲜企业供应链要更加注重物流系统的支撑，避免因为下游物流不确定性出现供应链中断。事实上，有物流服务支持的供应链更具有弹性、柔性和韧性。

（2）从供应商与零售商的博弈看，当存在物流不确定性时，供应商倾向于提供一个更低的批发价以激励零售商做出更多的保鲜努力。此时，在供应商主导的斯坦伯格博弈中，又分为两种情形：当物流不确定性水平较低时，基准情形（不存在物流不确定性）下供应商利润更大；而当物流不确定性超过某一阈值时，会带来正向需求的增加从而使得供应商利润大于基准情形。

（3）从零售商看，当产品销售期较短时，存在物流不确定时利润大于基准的情形，当产品销售期较长时，基准情形利润更高。因为生鲜产品随着时间腐败变质的特征，零售商更关注产品销售期的长短区间，即收即卖的季节性产品享受了供应商较低批发价的红利、保鲜努力成本较低的红利，因此为零售商所青睐。

（4）为减少物流不确定性给生鲜供应链带来的冲击，提高供应链的效率，本书设计了生鲜零售商主导的"收益共享合同"协调供应链，并证明当零售商收益共享比例在一定范围内时该协调契约是有效的，可以为生鲜供应链协调运营提供指导。当收益共享比例越高时，生鲜供应链效率越大且不断逼近100%，说明收益共享契约能实现供应链协调。

虽然本书尝试对物流与供应链协同领域进行微观研究，从产品与物流服务的运营合作着手，进行了模型构建，为生鲜产品运营决策提供了理论思考。然而本章的研究局限于需求信息已知的情形，某些假设较为严格，如生鲜供应商和零售商对市场情况完全了解，这些假设在实践中往往无法实现，因此进一步的研究可以考虑随机需求的情形以及物流不确定性随机的情况，提高模型适用性。

未来，尤其是在国内国际双循环的新趋势下，随机需求、物流不确定性将相伴而生。智慧物流、一体化供应链为我们提供了新的决策工具和方法，生鲜领域物流与供应链的融合将呈现新的业态和机会。本章对物流与供应链融合的初步研究将为行业发展提供新的视角，相信能在一定程度上为缓解生鲜行业亏损的不利局面提供决策参考。

表 6.8　参数数值表

T_1	$\dfrac{9m\alpha(\eta_0 - 1)}{\beta\,\eta_0^2(3(1 - c\alpha + \beta\,\theta_0) - 2\beta)}$
T_2	$\dfrac{9m\alpha(2\,\eta_0 - 3\,\theta_0)}{2\beta\,\eta_0^2(3(2 - 2c\alpha + \beta\,\theta_0) - 2\beta\,\eta_0)}$
T_3	$\dfrac{m\alpha(6\,\eta_0 - 9\,\theta_0)}{2\beta\,\eta_0^2(1 - c\alpha)}$
T_4	$\dfrac{3m\alpha(3(1 - c\alpha + \beta\,\eta_0) + 4\beta\,\eta_0)}{2(c\alpha - 1)\,\beta^2\,\eta_0^2}$
T_5	$\dfrac{3m\alpha(4\beta\,\eta_0 - 3(1 - c\alpha + \beta\,\eta_0))}{2(1 - c\alpha + \beta\,\eta_0)\,\beta^2\,\eta_0^2}$
T_6	$\dfrac{18m\alpha(\eta_0 - 1)}{\beta\,\eta_0^2(3(1 - c\alpha + \beta\,\theta_0) - 4\beta + 2\beta\,\eta_0)}$

命题 1：由公式 1 得到销售期 t 时刻的需求，将 p^{AC*} 代入，得到集中决策下整个销售期的订单量为 $Q^{AC} = \int_0^T D_{(t)}\,\mathrm{d}t = \int_0^T \Big(1 - \alpha p - \beta\Big(\theta_0 - (1 - u)\,\eta_0\left(\dfrac{t}{T}\right)^{\frac{1}{2}}\Big)\Big)\mathrm{d}t = \dfrac{3mT\alpha(3c\alpha - 3\beta\,\theta_0 + 2\beta\,\eta_0 - 3)}{4T\beta^2\,\eta_0^2 - 18m\alpha}$，在满足 $0 < T < \dfrac{9m\alpha}{2\,\beta^2\,\eta_0^2}$ 时，二阶海塞矩阵 H_2 负定，此时存在集中决策下的唯一最优解，对订单量进行敏感性分析得

$$\frac{\partial Q}{\partial m} = \frac{3\alpha\, T^2\, \beta^2\, \eta_0^2(3c\alpha - 3\beta\, \theta_0 + 2\beta\, \eta_0 - 3)}{(9m\alpha - 2T\, \beta^2\, \eta_0^2)^{\,2}} < 0,$$

$$\frac{\partial Q}{\partial \alpha} = -\frac{3mT(3c\alpha(9m\alpha - 4T\, \beta^2\, \eta_0^2) + 2T\, \beta^2\, \eta_0^2(3\beta\, \theta_0 - 2\beta\, \eta_0 + 3))}{2\,(9m\alpha - 2T\, \beta^2\, \eta_0^2)^{\,2}} < 0,$$

$$\frac{\partial Q}{\partial \beta} = -\frac{3mT\alpha(9m\alpha(2\, \eta_0 - 3\, \theta_0) + 2T\beta\, \eta_0^2(6c\alpha + 2\beta\, \eta_0 - 3\beta\, \theta_0 - 6))}{2\,(9m\alpha - 2T\, \beta^2\, \eta_0^2)^{\,2}},$$

当 $0 < T < T_2$ 时,$\dfrac{\partial Q}{\partial \beta} < 0$,

当 $T_2 < T < \dfrac{9m\alpha}{2\, \beta^2\, \eta_0^2}$ 时,$\dfrac{\partial Q}{\partial \beta} > 0$。

$$\frac{\partial Q}{\partial \eta_0} = -\frac{3m\alpha\beta T(9m\alpha + 2T\beta\, \eta_0(3c\alpha + \beta\, \eta_0 - 3\beta\, \theta_0 - 3))}{(9m\alpha - 2T\, \beta^2\, \eta_0^2)^{\,2}},$$

当 $0 < T < \dfrac{9m\alpha}{2\beta\, \eta_0(3(1 - c\alpha + \beta\, \theta_0) - \beta\, \eta_0)}$ 时,$\dfrac{\partial Q}{\partial \eta_0} < 0$;

当 $\dfrac{9m\alpha}{2\beta\, \eta_0(3(1 - c\alpha + \beta\, \theta_0) - \beta\, \eta_0)} < T < \dfrac{9m\alpha}{2\, \beta^2\, \eta_0^2}$ 时,$\dfrac{\partial Q}{\partial \eta_0} > 0$。

对 AC 情境下

$$p^{AC*} = \frac{4cT\, \beta^2\, \eta_0^2 - m(9(1 + c\alpha + \beta\, \theta_0) - 6\beta\, \eta_0)}{4T\, \beta^2\, \eta_0^2 - 18m\alpha},$$

$$u^{AC*} = \frac{T\beta\, \eta_0(2\beta\, \eta_0 - 3(1 + \beta\, \theta_0 - c\alpha))}{2T\, \beta^2\, \eta_0^2 - 9m\alpha},$$

$$\Pi^{AC*}_{(p,\, u)} = \frac{mT\,(3(1 - c\alpha + \beta\, \theta_0) - 2\beta\, \eta_0)^{\,2}}{36m\alpha - 8T\, \beta^2\, \eta_0^2}$$

进行敏感性分析,得到表 6.9 中的结果。

表 6.9 不考虑物流不确定情境下集中决策均衡结果敏感性分析计算结果

表达式 \ x值	$\dfrac{\partial u^{KC*}}{\partial x}$	$\dfrac{\partial p^{KC*}}{\partial x}$	$\dfrac{\partial \Pi^{KC*}_{(p,u)}}{\partial x}$
m	$\dfrac{9\alpha\beta T\eta_0(3c\alpha+2\beta\eta_0-3\beta\theta_0-3)}{(9m\alpha-2T\beta^2\eta_0^2)^2}$	$\dfrac{3T\beta^2\eta_0^2(3c\alpha+2\beta\eta_0-3\beta\theta_0-3)}{(9m\alpha-2T\beta^2\eta_0^2)^2}$	$\dfrac{T^2\beta^2\eta_0^3(3c\alpha+2\beta\eta_0-3\beta\theta_0-3)^2}{2(9m\alpha-2T\beta^2\eta_0^2)^2}$
c	$\dfrac{3\alpha\beta T\eta_0}{2T\beta^2\eta_0^2-9m\alpha}$	$\dfrac{9m\alpha-4T\beta^2\eta_0^2}{18m\alpha-4T\beta^2\eta_0^2}$	$\dfrac{3m\alpha T(3c\alpha+2\beta\eta_0-3\beta\theta_0-3)}{18m\alpha-4T\beta^2\eta_0^2}$
T	$\dfrac{9m\alpha\beta\eta_0(3c\alpha+2\beta\eta_0-3\beta\theta_0-3)}{(9m\alpha-2T\beta^2\eta_0^2)^2}$	$\dfrac{3m\beta^2\eta_0^2(3c\alpha+2\beta\eta_0-3\beta\theta_0-3)}{(9m\alpha-2T\beta^2\eta_0^2)^2}$	$\dfrac{9\alpha m^2(3c\alpha+2\beta\eta_0-3\beta\theta_0-3)^2}{4(9m\alpha-2T\beta^2\eta_0^2)^2}$
α	$\dfrac{3\beta T\eta_0(2cT\beta^2\eta_0^2+m(6\beta\eta_0-9\beta\theta_0-9))}{(9m\alpha-2T\beta^2\eta_0^2)^2}$	$\dfrac{9m(2cT\beta^2\eta_0^2+m(6\beta\eta_0-9\beta\theta_0-9))}{2(9m\alpha-2T\beta^2\eta_0^2)^2}$	$\dfrac{1}{4(9m\alpha-2T\beta^2\eta_0^2)^2}(3mT(3c\alpha+2\beta\eta_0-3\beta\theta_0-3)(m(9+9c\alpha-6\beta\eta_0+9\beta\theta_0)-4cT\beta^2\eta_0^2))$
β	$\dfrac{3T\eta_0(2cT(\alpha-1)\beta^2\eta_0^2+3m\alpha(3c\alpha+4\beta\eta_0-6\beta\theta_0-3))}{(9m\alpha-2T\beta^2\eta_0^2)^2}$	$\dfrac{3m(-9m\alpha(2-3\theta_0)+27\beta\eta_0^2(6-6c\alpha-2\beta\eta_0+3\beta\theta_0))}{(9m\alpha-2T\beta^2\eta_0^2)^2}$	$\dfrac{1}{2(9m\alpha-2T\beta^2\eta_0^2)^2}(3mT(2T(c\alpha-1)\beta\eta_0^3+m\alpha(6-9\theta_0))(3c\alpha+2\beta\eta_0-3\beta\theta_0-3))$
η_0	$\dfrac{3\beta T(2T\beta^2\eta_0^2(1-c\alpha+\beta\eta_0)+3m\alpha(3-3c\alpha-4\beta\eta_0+3\beta\theta_0))}{(9m\alpha-2T\beta^2\eta_0^2)^2}$	$\dfrac{3m\beta(9m\alpha+27\beta\eta_0^2(3c\alpha+2\beta\eta_0-3\beta\theta_0-3))}{(9m\alpha-2T\beta^2\eta_0^2)^2}$	$\dfrac{1}{(9m\alpha-2T\beta^2\eta_0^2)^2}(3m\beta T(3c\alpha+2\beta\eta_0-3\beta\theta_0-3)(3m\alpha+\beta T^2(c\alpha-\beta\eta_0-1)))$
θ_0	$\dfrac{-3T\beta^2\eta_0}{2T\beta^2\eta_0^2-9m\alpha}$	$\dfrac{9m\beta}{18m\alpha-4T\beta^2\eta_0^2}$	$\dfrac{6m\beta T(3-3c\alpha-2\beta\eta_0+3\beta\theta_0)}{36m\alpha-8T\beta^2\eta_0^2}$

根据 $0 < T < \dfrac{9m\alpha}{2\beta^2\eta_0^2}$ 以及其他基本条件判断大小,可以得到表6.3 中的相关结论。

由 AD 情境下

$$p^{AD*} = \frac{27m\alpha(3+\alpha c-2\beta\eta_0+3\beta\theta_0) -4T\beta^2\eta_0^2(3(1+\alpha c+\beta\theta_0) -2\beta\eta_0)}{12\alpha(9m\alpha-2T\beta^2\eta_0^2)},$$

$$u^{AD*} = \frac{T\beta\eta_0(2\beta\eta_0 - 3(1+\beta\theta_0-\alpha c))}{4T\beta^2\eta_0^2 - 18m\alpha},$$

$$w^{AD*} = \frac{3(1+\alpha c+\beta\theta_0) - 2\beta\eta_0}{6\alpha},$$

$$\Pi_{r(p,u)}^{AD*} = \frac{mT(3(1+\beta\theta_0-\alpha c) - 2\beta\eta_0)^2}{16(9m\alpha - 2T\beta^2\eta_0^2)},$$

$$\Pi_{s(w)}^{AD*} = \frac{mT(3(1+\beta\theta_0-\alpha c) - 2\beta\eta_0)^2}{8(9m\alpha - 2T\beta^2\eta_0^2)}。$$

对该均衡结果进行敏感性分析,得到表6.10 中的结果。

表 6.10　不考虑物流不确定情境下分散决策均衡结果敏感性分析计算结果

表达式 ＼ x值	$\dfrac{\partial u^{AD*}}{\partial x}$	$\dfrac{\partial u'^{AD*}}{\partial x}$	$\dfrac{\partial p^{AD*}}{\partial x}$	$\dfrac{\partial \Pi_{1,c}^{AD*}}{\partial x}$	$\dfrac{\partial \Pi_{(1,c)}^{AD*}}{\partial x}$
m	1	$\dfrac{9\eta_0\beta T_0(3c\alpha+2\beta\eta_0-3\beta\theta_0-3)}{2(9m\alpha-2T\beta^2\eta_0^2)^2}$	$\dfrac{3T\beta^2\eta_0^2(3c\alpha+2\beta\eta_0-3\beta\theta_0-3)}{2(9m\alpha-2T\beta^2\eta_0^2)^2}$	$\dfrac{T^2\beta^3\eta_0^3(3c\alpha+2\beta\eta_0-3\beta\theta_0-3)^2}{4(9m\alpha-2T\beta^2\eta_0^2)^2}$	$\dfrac{T^2\beta^3\eta_0^3(3c\alpha+2\beta\eta_0-3\beta\theta_0-3)^2}{8(9m\alpha-2T\beta^2\eta_0^2)^2}$
c	$\dfrac{1}{2}$	$\dfrac{3\alpha\beta T_0}{4T\beta^2\eta_0^2-18m\alpha}$	$\dfrac{9m\alpha-4T\beta^2\eta_0^2}{36m\alpha-8T\beta^2\eta_0^2}$	$\dfrac{3m\alpha T(3c\alpha+2\beta\eta_0-3\beta\theta_0-3)}{36m\alpha-8T\beta^2\eta_0^2}$	$\dfrac{3m\alpha T(3c\alpha+2\beta\eta_0-3\beta\theta_0-3)}{36m\alpha-16T\beta^2\eta_0^2}$
T		$\dfrac{9m\alpha\beta(3c\alpha+2\beta\eta_0-3\beta\theta_0-3)}{2(9m\alpha-2T\beta^2\eta_0^2)^2}$	$\dfrac{3m\beta^2\eta_0^2(3c\alpha+2\beta\eta_0-3\beta\theta_0-3)}{2(9m\alpha-2T\beta^2\eta_0^2)^2}$	$\dfrac{9\alpha m^2(3c\alpha+2\beta\eta_0-3\beta\theta_0-3)^2}{8(9m\alpha-2T\beta^2\eta_0^2)^2}$	$\dfrac{9\alpha m^2(3c\alpha+2\beta\eta_0-3\beta\theta_0-3)^2}{16(9m\alpha-2T\beta^2\eta_0^2)^2}$
α	$\dfrac{3-2\beta\eta_0-3\beta\theta_0}{6\alpha^2}$	$\dfrac{3\beta T_0(2cT\beta^2\eta_0^2+m(6\beta\eta_0-9\beta\theta_0-9))}{2(9m\alpha-2T\beta^2\eta_0^2)^2}$	$\dfrac{1}{12\alpha^2(9m\alpha-2T\beta^2\eta_0^2)^2}\big((3\theta_0-2\eta_0)(243m^2\alpha^2+8T^2\beta^4\eta_0^4)-54mT\alpha\beta^2\eta_0^2(2c\alpha-2\beta\eta_0+3\beta\theta_0-3)\big)$	$\dfrac{1}{8(9m\alpha-2T\beta^2\eta_0^2)^2}\big(3mT(3c\alpha+2\beta\eta_0-3\beta\theta_0)^2(m(9+9\alpha-6\beta\eta_0+9\beta\theta_0)+2T\beta^2\eta_0^2)\big)$	$\dfrac{1}{16(9m\alpha-2T\beta^2\eta_0^2)^2}\big(3mT(3c\alpha+2\beta\eta_0-3\beta\theta_0)^2(m(9+9\alpha-6\beta\eta_0+9\beta\theta_0)+2T\beta^2\eta_0^2)\big)$
β	$\dfrac{3\theta_0-2\eta_0}{6\alpha}$	$\dfrac{3T_0(2T(2c\alpha-1)\beta^2\eta_0^2+3m(3c\alpha+4\beta\eta_0-6\beta\theta_0-3))}{2(9m\alpha-2T\beta^2\eta_0^2)^3}$	—	$\dfrac{4(9m\alpha-2T\beta^2\eta_0^2)^3(3mT(2T(c\alpha-1)\beta^2\eta_0^3+m\alpha}{(6\theta_0-9\theta_0)(3c\alpha+2\beta\eta_0-3\beta\theta_0-3))}$	$\dfrac{(3mT(2T(c\alpha-1)\beta^2\eta_0^3+m\alpha}{4(9m\alpha-2T\beta^2\eta_0^2)^3(3c\alpha+2\beta\eta_0-3\beta\theta_0-3)(6_0-9\theta_0))}$
η_0	$\dfrac{-\beta}{3\alpha}$	$\dfrac{3T\beta_0^2\eta_0^2(27\beta^2\eta_0^2(1-c\alpha+\beta\theta_0)+3m(3-3c\alpha-4\beta\eta_0+3\beta\theta_0))}{2(9m\alpha-2T\beta^2\eta_0^2)^2}$	—	$\dfrac{2(9m\alpha-2T\beta^2\eta_0^2)^3(3c\alpha+2\beta\eta_0-3\beta\theta_0)}{3)(3m\alpha+T\beta\eta_0(c\alpha-\beta\eta_0-1))}$	$\dfrac{4(9m\alpha-2T\beta^2\eta_0^2)^3(3c\alpha+2\beta\eta_0-3\beta\theta_0)}{3)(3m\alpha+T\beta\eta_0(c\alpha-1))\beta\eta_0^3\eta_0^2+m\alpha}$
θ_0	$\dfrac{\beta}{2\alpha}$	$\dfrac{3T\beta_0^2}{18m\alpha-4T\beta^2\eta_0^2}$	$\dfrac{27m\alpha\beta-4T\beta^3\eta_0^3}{36m\alpha^2-8\alpha T\beta^2\eta_0^2}$	$\dfrac{3m\alpha T\beta(3-3c\alpha-2\beta\eta_0+3\beta\theta_0)}{4(9m\alpha-2T\beta^2\eta_0^2)^2}$	$\dfrac{3m\alpha T\beta(3-3c\alpha-2\beta\eta_0+3\beta\theta_0)}{8(9m\alpha-2T\beta^2\eta_0^2)^2}$

根据 $0 < T < \dfrac{9m\alpha}{2\beta^2\eta_0^2}$ 以及其他基本条件判断大小，可以得到表 6.4 中的相关结论。

命题 2：分别将 p^{AC*} 与 p^{AD*} 代入 $Q = \int_0^T D_{(t)}\,\mathrm{d}t = \int_0^T \Big(1 - \alpha p - \beta\Big(\theta_0 - (1-u)\eta_0\Big(\dfrac{t}{T}\Big)^{\frac{1}{2}}\Big)\Big)\mathrm{d}t$，求解，得到

$$Q^{AC*} = \frac{3mT\alpha(3c\alpha - 3\beta\theta_0 + 2\beta\eta_0 - 3)}{4T\beta^2\eta_0^2 - 18m\alpha},$$

$Q^{AD*} = \dfrac{3mT\alpha(3c\alpha - 3\beta\theta_0 + 2\beta\eta_0 - 3)}{8T\beta^2\eta_0^2 - 36m\alpha}$，比较 Q^{AC*} 与 Q^{AD*} 则命题 2 得证。

命题 3：通过集中决策协调供应链，即集中决策与分散决策下产品售价相同，令 $p_{(w)}^{AD*} = p^{AC*}$，得到条件 $w^* = c$，说明不考虑物流不确定性时，可以通过集中决策对供应链进行协调。

在满足条件 $0 < T < \dfrac{9m\alpha}{2\beta^2\eta_0^2}$ 下计算得到

$$\Pi_{s(w)}^{AD*} + \Pi_{r(p,u)}^{AD*} - \Pi_{(p,\mu)}^{AC*} = -\frac{mT(3c\alpha - 3\beta\theta_0 + 2\beta\eta_0 - 3)^2}{16(9m\alpha - 2T\beta^2\eta_0^2)} < 0$$

恒成立，所以命题 3 得证。

命题 4：将 $p^{BC*} = \dfrac{9lm + T(4cT\beta^2\eta_0^2 - 3m(3(1+\beta\theta_0 - \alpha c) - 2\beta\eta_0))}{2T(2T\beta^2\eta_0^2 - 9m\alpha)}$

代入 $Q = \int_0^T \Big(1 - \alpha p - \beta\Big(\theta_0 - (1-u)\eta_0\Big(\dfrac{t}{T}\Big)^{\frac{1}{2}}\Big)\Big)\mathrm{d}t$

得到

$$Q^{BC*} = \frac{(l(9m\alpha - 4T\beta^2\eta_0^2) + 3m\alpha T(3 - 3c\alpha + 3\beta\theta_0 - 2\beta\eta_0))}{18m\alpha - 4T\beta^2\eta_0^2},$$

$$\frac{\partial Q^{BC*}}{\partial l} = \frac{9m\alpha - 4T\beta^2\eta_0^2}{18m\alpha - 4T\beta^2\eta_0^2}。$$

在 $0 < T < \dfrac{9m\alpha}{2\beta^2\eta_0^2}$ 以及其他基本条件下，不难得出：

当 $0 < T < \dfrac{9m\alpha}{4\beta^2\eta_0^2}$ 时，$\dfrac{\partial Q^{BC*}}{\partial l} > 0$；

当 $\dfrac{9m\alpha}{4\beta^2 \eta_0^2} < T < \dfrac{9m\alpha}{2\beta^2 \eta_0^2}$ 时，$\dfrac{\partial Q^{BC*}}{\partial l} < 0$。

命题 5：由 BC 情境下

$$p^{BC*} = \frac{9lm + T(4cT\beta^2 \eta_0^2 - 3m(3(1 + \beta\theta_0 - \alpha c) - 2\beta\eta_0))}{2T(2T\beta^2 \eta_0^2 - 9m\alpha)},$$

$$u^{BC*} = \frac{\beta\eta_0(3l + T(2\beta\eta_0 - 3(1 + \beta\theta_0 - c\alpha)))}{2T\beta^2 \eta_0^2 - 9m\alpha}$$

和

$$\Pi^{BC*}_{(p,\,u)} = \frac{m(3l - T(3(1 + \beta\theta_0 - \alpha c) - 2\beta\eta_0))^2}{4T(9m\alpha - 2T\beta^2 \eta_0^2)},$$

得到

$$\frac{\partial u^{BC*}}{\partial l} = \frac{-3\beta\eta_0}{9m\alpha - 2T\beta^2 \eta_0^2},$$

$$\frac{\partial p^{BC*}}{\partial l} = \frac{-9m}{18m\alpha - 4T\beta^2 \eta_0^2},$$

$$\frac{\partial \Pi^{BC*}_{(p,\,u)}}{\partial l} = \frac{3m(3l + T(3c\alpha - 3\beta\theta_0 + 2\beta\eta_0 - 3))}{2T(9m\alpha - 2T\beta^2 \eta_0^2)},$$

在 $0 < T < \dfrac{9m\alpha}{2\beta^2 \eta_0^2}$ 以及其他基本条件下，可以得出命题 5 的结论。

命题 6：将

$$p^{BD*} = \frac{3l(27m\alpha - 4T\beta^2 \eta_0^2) + T\left(\begin{matrix} 4T\beta^2 \eta_0^2(3 + 3c\alpha + 3\beta\theta_0 - 2\beta\eta_0) - \\ 27m\alpha(3 + c\alpha + 3\beta\theta_0 - 2\beta\eta_0) \end{matrix}\right)}{12T\alpha(2T\beta^2 \eta_0^2 - 9m\alpha)}$$

代入

$$Q = \int_0^T \left(1 - \alpha p - \beta\left(\theta_0 - (1 - u)\eta_0 \left(\frac{t}{T}\right)^{\frac{1}{2}}\right)\right)\mathrm{d}t$$

得到

$$Q^{BD*} = \frac{(l(27m\alpha - 8T\beta^2 \eta_0^2) + 3m\alpha T(3 - 3c\alpha + 3\beta\theta_0 - 2\beta\eta_0))}{36m\alpha - 8T\beta^2 \eta_0^2},$$

计算得到

$$\frac{\partial Q^{BD*}}{\partial l} = \frac{27m\alpha - 8T\beta^2 \eta_0^2}{36m\alpha - 8T\beta^2 \eta_0^2},$$

不难得出结论：

当 $\qquad 0 < T < \dfrac{27m\alpha}{8\beta^2\eta_0^2}$ 时，$\dfrac{\partial Q^{\mathrm{BD}*}}{\partial l} > 0$；

当 $\qquad \dfrac{27m\alpha}{8\beta^2\eta_0^2} < T < \dfrac{9m\alpha}{2\beta^2\eta_0^2}$ 时，$\dfrac{\partial Q^{\mathrm{BD}*}}{\partial l} < 0$。

命题 7：对 BD 情境下的均衡结果进行敏感性分析得到

$$\frac{\partial w^{\mathrm{BD}*}}{\partial l} = -\frac{1}{2T\alpha},$$

$$\frac{\partial \mu^{\mathrm{BD}*}}{\partial l} = -\frac{3\beta\eta_0}{18m\alpha - 4T\beta^2\eta_0^2},$$

$$\frac{\partial p^{\mathrm{BD}*}}{\partial l} = -\frac{27m\alpha - 4T\beta^2\eta_0^2}{36m\alpha - 8T\beta^2\eta_0^2},$$

在 $0 < T < \dfrac{9m\alpha}{2\beta^2\eta_0^2}$ 以及其他基本条件下，可以得出命题 7 的结论。

命题 8：由

$$Q^{\mathrm{BC}*} = \frac{(l(9m\alpha - 4T\beta^2\eta_0^2) + 3m\alpha T(3 - 3c\alpha + 3\beta\theta_0 - 2\beta\eta_0))}{18m\alpha - 4T\beta^2\eta_0^2},$$

$$Q^{\mathrm{BD}*} = \frac{(l(27m\alpha - 8T\beta^2\eta_0^2) + 3m\alpha T(3 - 3c\alpha + 3\beta\theta_0 - 2\beta\eta_0))}{36m\alpha - 8T\beta^2\eta_0^2},$$

令 $Q^{\mathrm{BD}*} \geqslant Q^{\mathrm{AD}*}$ 得到条件：$0 < T \leqslant \dfrac{27m\alpha}{8\beta^2\eta_0^2}$，

令 $Q^{\mathrm{BD}*} < Q^{\mathrm{AD}*}$ 得到条件：$\dfrac{27m\alpha}{8\beta^2\eta_0^2} < T < \dfrac{9m\alpha}{2\beta^2\eta_0^2}$。

命题 9：在满足前提条件 $0 < T < \dfrac{9m\alpha}{2\beta^2\eta_0^2}$ 时，分别比较 $u^{\mathrm{BD}*}$ 与 $u^{\mathrm{AD}*}$，$w^{\mathrm{BD}*}$ 与 $w^{\mathrm{AD}*}$，$p^{\mathrm{BD}*}$ 与 $p^{\mathrm{AD}*}$，$\Pi_{s(w)}^{\mathrm{BD}*}$ 与 $\Pi_{s(w)}^{\mathrm{AD}*}$，$\Pi_{r(p,\mu)}^{\mathrm{BD}*}$ 与 $\Pi_{r(p,\mu)}^{\mathrm{AD}*}$ 的大小，可以得出命题 9 的结论。

7　免费保鲜服务下生鲜
产品供应链合同激励机制

7.1　引言

近年来，随着电子商务的发展，生鲜电商模式逐渐成熟，消费者越来越倾向于在线浏览生鲜产品信息并购买。2023 年，中国生鲜电商交易规模达到 6424.9 亿元，同比增长 14.7%[①]。但由于生鲜产品具有易腐性，数量损耗和质量损耗同时存在[②]，尤其是其运输过程中的腐败问题仍然是生鲜产品供应链中的一个重要阻碍[③]。在生鲜电商模式下，在线生鲜零售商通过与第三方物流服务商合作，由第三方物流服务商通过冷链运输和优先配送等方式将生鲜产品配送到消费者手中，减少退货损失。然而，由于冷链运输或生鲜冷库的建设费用较高，在生鲜电商供应链上的各个节点企业均没有足够的动力单独对生鲜产品进行保鲜[④]，而加强生鲜电商供应链中节点企业间的合作与协调是解决该问题的关键因素，探寻激励第三方物流服务商提高保鲜努力的合作模式和实现供应链协调的运作策略对于促进生鲜电商市场发展以及提高人民生活质量均有重要意义。

[①]　资料来源：https://www.100ec.cn/detail--6630408.html.

[②]　王磊，但斌.考虑质量与数量损耗控制的生鲜农产品保鲜策略研究 [J]. 中国管理科学，2023，31（8）：100-110.

[③]　WU X Y, FAN Z P, CAO B B. An analysis of strategies for adopting blockchain technology in the fresh product supply chain [J]. International Journal of Production Research, 2023, 61 (11): 3717-3734.

[④]　王磊，但斌.考虑消费者效用的生鲜农产品供应链保鲜激励机制研究 [J]. 管理工程学报，2015（1）：200-206.

学界对生鲜产品供应链运营管理的研究广泛而全面。吴雪艳等[①]研究了由供应商、第三方物流服务提供商（3PL）和电子零售商组成的生鲜产品供应链中各自主导构建基于区块链的可追溯系统（BTS）的策略，发现采用区块链技术并不总是 FPSC 的最优决策。刘燕萍等[②]基于双渠道生鲜产品供应链研究了信息共享对制造商与零售商最优决策的影响，并提出一种鼓励供应链成员共享信息的协调机制。吴爽等[③]则考虑了生鲜产品供应链中预售策略对供应商和零售商利润的影响，通过对比发现，零售商实施预售策略将使供应商和供应链整体收益提高，但对生鲜零售商自身并不总有利。雷婷等[④]探讨了突发事件下政府如何制定补贴政策促进生鲜农产品批发市场的应急代储问题，发现政府设置中等水平的补贴能够促进应急代储策略的有效实施。张芳等[⑤]结合直播带货对比分析了网上直销、网上转销和网上代销三种销售模式下生鲜农产品供应链的最优决策，发现生鲜农产品供应商和电商平台分别在直销和转销模式下实现利润最大化，而在直销模式下冷链服务水平最高，在代销模式下生鲜农产品销售价格最低，直播营销努力最高。尽管生鲜供应链中可供研究的话题十分丰富，但 FPSC 中的保鲜服务仍是重点。相关研究指出，我国生鲜产品在运输过程中的腐败率达到 25%~35%[⑥]。实践中，物流服务商通过冷链运输和优先配送来处理保鲜问题。虽然一些研究讨论了生鲜零售商自建物流的情况，并认为零售商的保鲜努力水平取决于易腐性、保鲜成本和批发价格[⑦]，但生鲜产品的

① WU X Y, FAN Z P, CAO B B. An analysis of strategies for adopting blockchain technology in the fresh product supply chain [J]. International Journal of Production Research, 2023, 61 (11): 3717-3734.

② LIU Y, YAN B, CHEN X. Decisions of dual-channel fresh agricultural product supply chains based on information sharing [J]. International Journal of Retail & Distribution Management, 2024.

③ 吴爽, 李波, 李嫣然. 双渠道生鲜农产品供应链中零售商的预售决策 [J]. 系统工程学报, 2023, 38 (3): 372-394.

④ 雷婷, 但斌, 刘墨林, 等. 考虑政府补贴的生鲜批发市场应急代储策略 [J]. 系统工程理论与实践, 2023, 43 (2): 455-468.

⑤ 张芳, 刘贺鸣, 武杰. 考虑直播带货的生鲜农产品供应链销售模式比较 [J]. 计算机工程与应用, 2023, 59 (23): 293-304.

⑥ YANG L, TANG R, CHEN K. Call, put and bidirectional option contracts in agricultural supply chains with sales effort [J]. Applied Mathematical Modelling, 2017, 47: 1-16.

⑦ CAI X, CHEN J. Optimization and coordination of fresh product supply chains with freshness-keeping effort [J]. Production and Operations management, 2010, 19 (3): 261-278.

运输在很大程度上仍依赖于第三方物流。Yu Y 等[1]研究了生鲜产品供应链中冷链服务外包对决策和利润的影响，发现在传统数量折扣方案下，如果服务成本和市场规模都较低，或者服务成本较高，零售商更倾向于零售商外包物流服务。反之，则供应商外包外流服务。黄和胡（Huang 和 Hu）[2]分析了在线生鲜零售商与第三方物流服务商在不同保鲜条件下的合作。但他们并没有讨论生鲜产品供应链如何向消费者提供保鲜服务的问题，事实上在线生鲜零售商对保鲜服务采取的策略不尽相同：一些生鲜零售商选择只销售新鲜产品，保鲜服务交由消费者自行决定是否购买，而有的生鲜零售商则选择免费向消费者提供保鲜服务。然而，当生鲜产品零售商选择向第三方物流服务商购买保鲜服务并免费提供给消费者时，如何确保第三方物流服务商依旧保持高水平的保鲜服务质量、协调双方的利益仍有待进一步的研究。

在免费提供保鲜服务下，尽管生鲜产品零售商为保鲜服务付费，但他们往往拥有更强的议价能力，迫使第三方物流服务商失去不断提高保鲜水平的动力。因此，零售商需要设法激励第三方物流服务商保持高水平的保鲜努力水平。在这种情况下，可以采用契约方式协调生鲜产品供应链，帮助生鲜产品零售商和第三方物流服务商更好地合作。具体的合同契约形式包括成本分摊合同[3]、批发市场清仓合同[4]、批发价格折扣共享合同[5][6]等。此外，闫（Yan）等[7]设计了一种收益共享合约，以解决供应链中的公平问

① YU Y, XIAO T. Analysis of cold-chain service outsourcing modes in a fresh agri-product supply chain [J]. Transportation Research Part E: Logistics and Transportation Review, 2021, 148: 102264.

② HUANG Q, HU Y. Fresh product e-tailer's optimal fresh-keeping strategy under direct sales mode [J]. JUSTC, 2022, 52 (8): 1-13.

③ AVIV Y, PAZGAL A. Optimal pricing of seasonal products in the presence of forward-looking consumers [J]. Manufacturing & service operations management, 2008, 10 (3): 339-359.

④ WOLAK F A. Quantifying the supply-side benefits from forward contracting in wholesale electricity markets [J]. Journal of Applied Econometrics, 2007, 22 (7): 1179-1209.

⑤ GHOSH D, SHAH J. Supply chain analysis under green sensitive consumer demand and cost sharing contract [J]. International Journal of Production Economics, 2015, 164: 319-329.

⑥ PENG J, ZHOU Z. Working capital optimization in a supply chain perspective [J]. European Journal of Operational Research, 2019, 277 (3): 846-856.

⑦ YAN B, CHEN X, CAI C, et al. Supply chain coordination of fresh agricultural products based on consumer behavior [J]. Computers & Operations Research, 2020, 123: 105038.

题。刘（Liu）等[①]设计了一种新型合同激励物流服务提供商在产品保鲜期内保持产品新鲜度。沈（Shen）等[②]认为物流服务提供商（LSP）可以利用具有成本效益的物流合同来激励产品生命周期较短的卖家交付更多。当供应商通过第三方物流服务商向远方市场供应新鲜产品，然后由分销商购买并销售给最终消费者时，供应商和第三方物流服务商之间的批发价格折扣共享（WDS）合同可以协调供应链[③]。

通过以往文献回顾发现，目前生鲜农产品供应链已经成为研究焦点和热点，但是现有研究还存在如下不足：①对生鲜电商供应链中常见的零售商免费向消费者提供保鲜服务的策略选择缺乏研究；②对免费提供保鲜服务下生鲜供应链成员的利益冲突和协调缺乏深入探讨。针对这两个问题并结合消费者对生鲜产品的价格和新鲜度感知，本书讨论了在线生鲜零售商应如何为消费者提供保鲜服务策略，以及生鲜零售商应如何与第三方物流服务商签订合同，以激励其提供更好的保鲜服务。通过对比分析采用转移支付和收益共享合同协调产生的效果，我们发现当保鲜服务费较低时，收益共享合同能更好地激励第三方物流服务商提供高质量的保鲜服务。

7.2　问题描述与假设

本书建立了一个两阶段生鲜产品供应链（FPSC），该供应链由一个在线生鲜零售商、一个第三方物流服务商和一群线上生鲜产品消费者组成。在线生鲜零售商以 f 的价格向消费者销售产品。第三方物流服务商运输产品的单位运费为 l。不失一般性，令产品的初始新鲜度 $\theta_0 = 1$，参考郑和

---

①　LIU C, LV J, HOU P, et al. Disclosing products' freshness level as a non-contractible quality：optimal logistics service contracts in the fresh products supply chain [J]. European Journal of Operational Research, 2023, 307（3）：1085-1102.

②　SHEN B, XU X, GUO S. The impacts of logistics services on short life cycle products in a global supply chain [J]. Transportation Research Part E：Logistics and Transportation Review, 2019, 131：153-167.

③　CAI X, CHEN J, XIAO Y, et al. Fresh-product supply chain management with logistics outsourcing [J]. Omega, 2013, 41（4）：752-765.

周（Zheng、Zhou）的研究[①]，令 $\eta(0 < \eta \leqslant 1)$ 表示产品在运输过程中不做任何保鲜努力水平时的腐坏程度。第三方物流服务商可以通过冷链运输来减缓腐败过程，即保鲜服务。当生鲜产品供应链提供保鲜服务时，一方面，第三方物流服务商需要确定保鲜努力水平 τ 并承担保鲜成本 $C_{(\tau)}$，我们假设保鲜努力水平与保鲜成本之间存在二次关系 $C_{(\tau)} = \frac{1}{2}\lambda\tau^2$，$\lambda$ 为保鲜成本系数，相似假设见班克（Banker）等[②]、黄和胡（Huang & Hu）[③] 以及曹和高（Cao & Gao）[④] 的研究。另一方面，在线生鲜零售商或消费者应向第三方物流服务商支付保鲜服务费 f。当生鲜产品供应链不提供保鲜服务时，即 $\tau = 0$，消费者只能购买新鲜度为 $1 - \eta$ 的产品。当生鲜产品供应链提供保鲜服务时，消费者可以购买新鲜度为 $1 - (1 - \tau)\eta$ 的产品。

为提高生鲜产品新鲜度，在线生鲜零售商可以通过转移支付或收益共享方式与第三方物流服务商合作，进而向消费者提供免费的保鲜服务[⑤]。分为两种情境：在情境 T 中，在线生鲜零售商与第三方物流服务商以转移支付合同的契约模式合作，在线生鲜零售商向第三方物流服务商转移支付 t，以激励第三方物流服务商努力提高保鲜服务水平；在情境 S 中，在线生鲜零售商分享 $s(0 < s < 1)$ 比例的收益给第三方物流服务商。在情境 T 和情境 S 中，在线生鲜零售商承担了保鲜服务费 f，消费者免费享受第三方物流服务商的保鲜服务。

在情境 C 中，由于在线生鲜零售商不提供保鲜服务，消费者必须决定是否购买保鲜服务。这将消费者分为两部分：购买保鲜服务的消费者，他们将获得新鲜度更高的产品并支付费用 f，不购买保鲜服务的消费者，将

① ZHENG Q, IEROMONACHOU P, FAN T, et al. Supply chain contracting coordination for fresh products with fresh-keeping effort [J]. Industrial Management & Data Systems, 2017, 117 (3): 538-559.

② BANKER R D, KHOSLA I, SINHA K K. Quality and competition [J]. Management science, 1998, 44 (9): 1179-1192.

③ HUANG Q, HU Y. Fresh product e-tailer's optimal fresh-keeping strategy under direct sales mode [J]. JUSTC, 2022, 52 (8): 1-13.

④ CAO K, GAO Y. Optimal fresh agricultural products private brand introduction and sourcing strategy considering different power structures [J]. Managerial and Decision Economics, 2023, 44 (7), 3827-3845.

⑤ YAN B, CHEN X, CAI C, et al. Supply chain coordination of fresh agricultural products based on consumer behavior [J]. Computers & Operations Research, 2020, 123: 105038.

从基本新鲜度水平中获得较低的效用。同时，为研究提供保鲜服务的影响，我们设定了一个基准情境 N 作为对比，此情境下消费者不能购买保鲜服务，只能购买新鲜度为 $1-\eta$ 的产品。表7.1列出了本章相关符号，其中 $i \in \{b, n\}$ 代表购买或不购买保鲜服务的消费者，$j \in \{N, C, T, S\}$ 分别代表上述四种情境。

表7.1　相关符号

符号	含义
V	消费者估值
a	消费者对价格敏感系数
b	消费者对新鲜度敏感系数
f	单位保鲜服务费用
θ	产品新鲜度水平
λ	保鲜成本系数
η	产品腐坏程度
τ	第三方物流服务商保鲜努力水平
t	转移支付
s	收益共享系数
p^j	产品销售价格
l^j	单位运费
U_i^j	消费者效应
D^j	产品市场需求
π_e^j	生鲜产品零售商利润
π_l^j	第三方物流服务商利润

根据研究需要，本书提出以下四个基本假设。

假设1：消费者对产品的评价具有异质性，用 v 表示，其中 v 是一个均匀分布于为 $[0, 1]$ 的随机变量。

假设2：为确保第三方物流服务商获得正利润，应满足 $f > c(\tau)$ 的条件。

假设3：为确保市场需求为正，应满足

$$0 < p < \frac{1 - b(1 - (1 - \tau)\,\eta) - af}{a}$$

的条件。

假设4：为简化计算，我们将在线生鲜零售商的生鲜产品采购成本和第三方物流服务商的物流成本标准化为0。

本章对情境 N、C、T 和 S 进行了比较，探讨了引入保鲜服务对供应链成员决策的影响，以及转移支付和收益共享合同如何影响第三方物流服务商的保鲜努力水平和在线生鲜零售商的定价策略以及他们的利润。决策事件顺序如图7.1所示：首先，在线生鲜零售商决定销售价格 p；其次，第三方物流服务商决定运费 l 和保鲜努力水平 τ；最后，消费者决定是否购买保鲜服务。

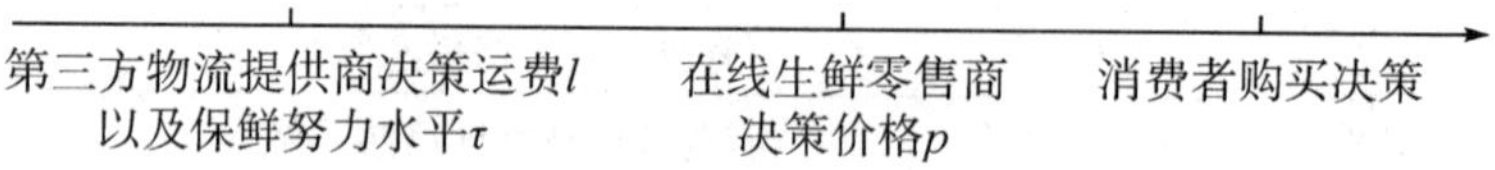

第三方物流提供商决策运费l　　　　在线生鲜零售商　　　　消费者购买决策
以及保鲜努力水平τ　　　　　　决策价格p

图 7.1　决策事件顺序

7.3　均衡分析

在本节中，将考虑 N、C、T 和 S 情境下消费者的购买选择以及在线生鲜零售商与第三方物流服务商的定价与保鲜策略。生鲜产品供应链模型如图7.2所示。

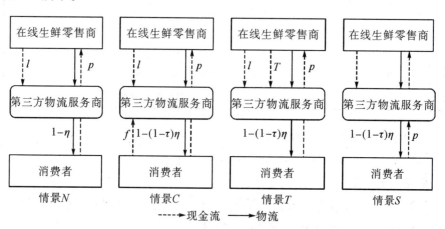

图 7.2　生鲜产品供应链模型

7.3.1 无保鲜服务：情境 N

在不提供保鲜服务下，消费者的效用为 $U_n = V - a p^N + b(1 - \eta)$，此时，只有估值 $V > a p^N - b(1 - \eta)$ 的消费者才会购买生鲜产品，据此得到需求量 $D^N = D_n^N = \int_{a p^N + b(1 - \eta)}^{1} \mathrm{d}v = 1 - a p^N + b(1 - \eta)$。在线生鲜零售商和第三方物流服务商的利润为

$$\pi_e^N = (p^N - l) D^N \tag{7.1}$$

$$\pi_l^N = l D^N \tag{7.2}$$

在线生鲜零售商和第三方物流服务商追求自身利润最大化，由逆向归纳法得到定理 1。

定理 1：在情境 N 中，生鲜产品在线生鲜零售商的最优销售价格为

$$P^{N*} = \frac{3(1 + b - b\eta)}{4a}$$

则 3PL 供应商的最优运费为

$$l^{N*} = \frac{1 + b - b\eta}{2a},$$

需求量为

$$D^{N*} = \frac{1}{4}(1 + b - b\eta),$$

利润为

$$\pi_e^{N*} = \frac{(1 + b - b\eta)^2}{16a}, \quad \pi_l^{N*} = \frac{(1 + b - b\eta)^2}{8a}。$$

定理 1 阐明，当 FPSC 不提供保鲜服务时，无论销售价格、运费、需求量还是利润都会随着产品腐败程度的增加而减少。定理 1 证明见 7 章附录。

7.3.2 消费者自行购买保鲜服务：情境 C

考虑第三方物流服务商提供保鲜服务的情况，此时消费者可以自行选择是否购买保鲜服务。购买保鲜服务的消费者获得效用为 $U_b^c = V - a(p^C + f) + b(1 - (1 - \tau)\eta)$，此时对产品估值 $V > a(p^C + f) - b(1 - (1 - \tau)\eta)$ 的消费者才会购买新鲜产品和保鲜服务。不购买保鲜服务消费

者获得效用为 $U_n^C = V - ap^C + b(1-\eta)$，对产品估值为 $V > ap^C - b(1-\eta)$ 的消费者会选择购买，为保证购买保鲜服务的消费者获得更高效用，令 f

$< \dfrac{b(\tau(1+\eta)-\eta)}{a}$。因此，得到只购买新鲜产品的消费者需求为 $D_n^C =$

$\displaystyle\int_{ap^C-b(1-\eta)}^{a(p^C+f)-b(1-(1-\tau)\eta)} dv$，即购买保鲜服务和新鲜产品的消费者需求为：

$D_b^C = \displaystyle\int_{a(p^C+f)-b(1-(1-\tau)\eta)}^{1} dv$。总需求为 $D^C = D_n^C + D_b^C = \displaystyle\int_{ap^C-b(1-\eta)}^{1} dv$。

在线生鲜零售商和第三方物流服务商的利润分别为

$$\pi_e^C = (p^C - l) D^C \tag{7.3}$$

$$\pi_l^C = l D_n^C + (l+f) D_b^C - \frac{1}{2}\lambda\tau^2 \tag{7.4}$$

定理 2：在情境 C 中，最佳保鲜努力水平为 $\tau^{C*} = \dfrac{bf\eta}{\lambda}$，最佳运费为 l^{C*}

$= \dfrac{1+b-b\eta-af}{2a}$，

最优销售价格为

$$p^{C*} = \frac{3(1+b-b\eta)-af}{4a},$$

这种情况下的需求量为

$$D^{C*} = \frac{1}{4}(1+b-b\eta+af),$$

利润为

$$\pi_e^{C*} = \frac{(1+b-b\eta+af)^2}{16a}$$

和

$$\pi_l^{C*} = \frac{(1+b-b\eta)^2}{64} + \frac{2f(2fb^2\eta^2+\lambda(1+b-b\eta))}{8\lambda}。$$

定理 2 表明运费、销售价格和需求随着生鲜产品腐败程度的增加而减少，第三方物流服务商的保鲜努力水平与产品腐败程度、消费者对产品新鲜度的敏感程度成正比。同时，可以发现通过向消费者提供保鲜服务，在线生鲜零售商的利润会增加，即 $\pi_e^{C*} > \pi_e^{N*}$。此外，提供保鲜服务是否可以为第三方物流公司带来更高的利润与服务费 f 密切相关。

7.3.3 转移支付下的免费保鲜服务：情境 T

在情境 T 中，在线生鲜零售商向第三方物流服务商支付保鲜服务费用使市场中的消费者可以免费使用保鲜服务。此时，消费者的期望效用为 $U_b = V - a p^T + b(1 - (1 - \tau) \eta)$。估值为 $V > a p^T - b(1 - (1 - \tau) \eta)$ 的消费者将购买新鲜产品。为激励第三方物流服务商提供高水平保鲜服务，在线生鲜零售商将向第三方物流服务商转移支付 t。在情境 T 中，在线生鲜零售商和第三方物流服务商的利润分别为

$$\pi_e^T = (p^T - l - f) D^T - t \tag{7.5}$$

$$\pi_l^T = (l + f) D^T + t - \frac{1}{2}\lambda \tau^2 \tag{7.6}$$

假设 5：为了确保情境 T 中的第三方物流服务商有唯一的最优运费以及保鲜努力水平，须确保海塞矩阵 $\begin{bmatrix} \dfrac{\partial^2 \pi_l^T}{\partial l^2} & \dfrac{\partial^2 \pi_l^T}{\partial l \partial \tau} \\ \dfrac{\partial^2 \pi_l^T}{\partial \tau \partial l} & \dfrac{\partial^2 \pi_l^T}{\partial \tau^2} \end{bmatrix}$ 为非负，因此假设 $\dfrac{b^2 \eta^2}{4\lambda} < a < 1$。

定理 3：在情境 T 中，最佳保鲜努力水平为 $\tau^{T*} = \dfrac{b\eta(1 + b - b\eta)}{4a\lambda - b^2 \eta^2}$，最优运费为

$$l^{T*} = \frac{2\lambda(1 + b - b\eta - 2af) + f b^2 \eta^2}{4a\lambda - b^2 \eta^2},$$

最优销售价格为

$$p^{T*} = \frac{3\lambda(1 + b - b\eta)}{4a\lambda - b^2 \eta^2},$$

购买新鲜产品的需求为

$$D^{T*} = \frac{a\lambda(1 + b - b\eta)}{4a\lambda - b^2 \eta^2},$$

利润为

$$\pi_e^{T*} = \frac{t b^2 \eta^2(8a\lambda - b^2 \eta^2) - a\lambda^2(1 - 16at - b(2 + b(1 - \eta))(1 - \eta))}{(4a\lambda - b^2 \eta^2)^2},$$

$$\pi_l^{T*} = \frac{\lambda(1 + 8t - b(2 + b(1 - \eta))(\eta - 1)) - 2t b^2 \eta^2}{8a\lambda - 2 b^2 \eta^2}.$$

定理 3 表明，转移支付合同下，当在线生鲜零售商提供免费的保鲜服务时，保鲜努力水平、单位运费以及销售价格与保鲜服务费用无关，保鲜努力水平和单位运费水平以及销售价格与保鲜服务费无关，而与产品的腐败程度、消费者对产品新鲜度的敏感度等因素有关。

7.3.4　收益共享下的免费保鲜服务：情境 S

在情境 S 中，FPSC 为消费者提供免费的保鲜服务。消费者的预期效用为 $U_b = V - a p^S + b(1 - (1 - \tau) \eta)$。估值为 $V > a p^S - b(1 - (1 - \tau) \eta)$ 的消费者将购买新鲜产品。此外，为了激励 3PL 改进保鲜努力水平，在线生鲜零售商选择与第三方物流服务商签订收益共享合同①。根据该合同，在线生鲜零售商将与第三方物流服务商按比例分享收入。在方案 T 中，在线生鲜零售商和第三方物流服务商的利润分别为

$$\pi_e^S = (1 - s) p^S D^S - (1 + f) D^S \tag{7.7}$$

$$\pi_l^S = (l + f) D^S + s p^S D^S - \frac{1}{2} \lambda \tau^2 \tag{7.8}$$

假设 6：为了确保方案 S 中的第三方物流服务商有唯一的最优运费以及保鲜努力水平，须确保海塞矩阵 $\begin{bmatrix} \dfrac{\partial^2 \pi_l^S}{\partial l^2} & \dfrac{\partial^2 \pi_l^S}{\partial l \partial \tau} \\ \dfrac{\partial^2 \pi_l^S}{\partial \tau \partial l} & \dfrac{\partial^2 \pi_l^S}{\partial \tau^2} \end{bmatrix}$ 为非负，因此假设

$\dfrac{b^2 \eta^2}{\lambda (4 - 2s)} < a < 1$。

定理 4：在方案 S 中，最佳保鲜努力水平为

$$\tau^{S*} = \frac{b\eta (1 + b - b\eta)}{2a\lambda (2 - s) - b^2 \eta^2},$$

最优运费为

$$l^{S*} = \frac{f b^2 \eta^2 + 2\lambda - 2\lambda (2 - s)(af + s) + 2b\lambda (1 - \eta)(1 - s)^2}{2a\lambda (2 - s) - b^2 \eta^2},$$

最优销售价格为 $p^{S*} = \dfrac{\lambda (3 - 2s)(1 + b - b\eta)}{2a\lambda (2 - s) - b^2 \eta^2},$

① Leng M, Zhu A. Side - payment contracts in two - person nonzero - sum supply chain games: Review, discussion and applications [J]. European Journal of Operational Research, 2009, 196 (2): 600 -618.

则购买新鲜产品的需求为

$$D^{S*} = \frac{a\lambda(1 + b - b\eta)}{2a\lambda(2 - s) - b^2\eta^2},$$

利润为 $\pi_e^{S*} = \dfrac{a(1 - s)\lambda^2(1 + b - b\eta)^2}{(2a\lambda(2 - s) - b^2\eta^2)^2}$, $\pi_l^{S*} = \dfrac{\lambda(1 + b - b\eta)^2}{2a\lambda(2 - s) - b^2\eta^2}$。

定理 4 表明，在收益共享契约下，第三方物流服务商的保鲜努力水平会随着收益共享比例 s 的增加而增加。同时，由于较高的保鲜努力会给消费者带来更大的效用，需求也会随着 s 的增加而增加。然而，值得注意的是，运费 l^{S*} 随着收益共享比例的增加而减少。这是因为，当在线生鲜零售商与第三方物流服务商分享更多收入时，在边际效应增强的情况下，第三方物流公司会选择降低运费以获得更高的收入。

7.4 讨论

本节将对不同情况下的均衡结果进行比较分析，研究 FPSC 保鲜服务对供应链成员定价和利润的影响。此外，本章还探讨了当在线生鲜零售商提供免费保鲜服务的情况下，哪种合同能更好地激励第三方物流服务商提供高保鲜努力水平，促进 FPSC 成员的双赢。首先，我们比较情境 C 和情境 N 的均衡结果。

7.4.1 情境 C 和情境 N 对比

对比分析情境 C 和情境 N，讨论向消费者提供保鲜服务对 FPSC 成员的定价、需求和利润的影响。详细结论见命题 1。

命题 1：

(1) $l^{C*} < l^{N*}$。

(2) $p^{C*} < p^{N*}$。

(3) $D^{C*} > D^{N*}$。

(4) $\pi_e^{C*} > \pi_e^{N*}$。

(5) 当 $a > \dfrac{4b^2\eta^2}{7\lambda}$ 且 $f \geqslant \dfrac{2(1 + b - b\eta)}{7a\lambda - 4b^2\eta^2}$，则 $\pi_l^{C*} \leqslant \pi_l^{N*}$；否则 $\pi_l^{C*} > \pi_l^{N*}$。

命题 1 表明,当 FPSC 提供保鲜服务时,单位运费和销售价格会降低,主要是因为保鲜服务减少了新鲜产品在运输过程中的损耗,从而降低了边际成本。而由于价格的下降和产品新鲜度的提高,将促进需求的增加。同时,命题 1 第(3)部分表明,当消费者自愿购买保鲜服务时,在线生鲜零售商是有利可图的,因为此时零售商不需要为第三方物流服务商提供的保鲜服务承担任何成本,却能享受保鲜服务带来的收益。然而,对于第三方物流服务商来说,当消费者对价格敏感且保鲜成本较高时,向消费者提供保鲜服务将会降低第三方物流服务商的利润。

7.4.2 情境 T(S)和情境 C 对比

本节将讨论在线生鲜零售商向消费者提供免费保鲜服务的情况。事实上,盒马鲜生等在线生鲜零售商非常重视产品的新鲜度和消费者体验,往往通过免费保鲜服务来提升自身的竞争优势。然而,第三方物流服务商的加入造成了一定的供应链冲突,需要通过契约协调 FPSC 成员的合作,在供应链中引入两种契约:转移支付合同和收益共享合同。比较哪种契约更能有效地激励第三方物流服务商提高保鲜努力。

如命题 2 所示,本章首先探讨了转移支付合同下免费保鲜服务的影响。命题 2:

(1) 当 $f \leqslant \dfrac{1 + b - b\eta}{4a\lambda - b^2 \eta^2}$ 时,则 $\tau^{T*} \geqslant \tau^{C*}$;否则 $\tau^{T*} < \tau^{C*}$。

(2) 当 $f \leqslant \dfrac{1 + b - b\eta}{4a\lambda - b^2 \eta^2}$ 时,则 $l^{T*} \geqslant l^{C*}$;否则 $l^{T*} < l^{C*}$。

(3) $p^{T*} < p^{C*}$。

(4) 当 $f \leqslant \dfrac{2\eta^2(1 + b - b\eta)}{a(4a\lambda - b^2 \eta^2)}$ 时,则 $D^{T*} \geqslant D^{C*}$;否则 $D^{T*} < D^{C*}$。

命题 2 表明,当保鲜服务费较低时,情境 T 下的保鲜努力水平、运费和需求比情境 C 高。相反,当保鲜服务费不高时,情境 T 中的保鲜努力水平、运费和需求较低。此外,转移支付下免费保鲜服务情境的销售价格低于非免费情境。出现这种现象的原因是,免费保鲜服务会增加市场需求,在线零售商获得的利润足以支持向第三方物流服务商转移支付,同时维持较低的销售价格。

本章比较情境 T 和情境 C 中 FPSC 成员的利润,得到定理 5 的相关结论。

定理 5：（1）当 $t \leq t_1$ 时，$\pi_e^{T*} \leq \pi_e^{C*}$；否则 $\pi_e^{T*} > \pi_e^{C*}$。

（2）当 $t \leq t_2$ 时，$\pi_l^{T*} \leq \pi_l^{C*}$；否则 $\pi_l^{T*} > \pi_l^{C*}$。

此处

$$t_1 = \frac{a\lambda^2}{(4a\lambda - b^2\eta^2)^2} - \frac{(1+b-b\eta+af)^2}{16a} + \frac{ab\lambda^2(1-\eta)(2+b(1-\eta))}{(4a\lambda - b^2\eta^2)^2},$$

$$t_2 = \frac{1}{8a\lambda(b^2\eta^2 - 4a\lambda)}(4af^2b^4\eta^4 + \lambda b^2\eta^2(1+af(2-23af)+2b(1+af)$$

$$(1-\eta)+b^2(1-\eta)^2) - 4fa^2\lambda^2(2-7af+2b(1-\eta)))。$$

定理 5 表明，当转移支付 t 低于临界值 t_1 时，情境 T 中在线零售商的利润高于情境 C，反之亦然。此外，当 t 低于另一个临界值 t_2 时，情境 T 中第三方物流服务商的利润低于情境 C 中的利润；反之，当 t 高于 t_2 时，情境 T 中第三方物流服务商的利润高于情境 C 中的利润。因此，当转移支付 t 在特定范围内（t_2, t_1）时，转移支付契约下在线零售商和第三方物流服务商的利润都会更高，而不再是一方承担成本，另一方获得收益。这说明转移支付契约能有效协调 $FPSC$ 成员间利润分配。

接下来，本章对收益共享合同下的免费保鲜服务和非免费保鲜服务的保鲜努力水平、销售价格、运费和需求进行比较分析。

命题 3：（1）当 $f \leq \dfrac{(1+b-b\eta)}{2a\lambda(2-s)-b^2\eta^2}$ 时，$\tau^{S*} \geq \tau^{C*}$；否则 $\tau^{S*} < \tau^{C*}$。

（2）当 $f \leq \dfrac{(1+b-b\eta)(2as\lambda(3-2s)-b^2\eta^2)}{a(b^2\eta^2-2a\lambda(2-s))}$ 时，$l^{S*} \geq l^{C*}$；否则 $l^{S*} < l^{C*}$。

（3）$p^{S*} \geq p^{C*}$。

（4）当 $f \leq \dfrac{(1+b-b\eta)(2as\lambda+b^2\eta^2)}{2a\lambda(2-s)-b^2\eta^2}$ 时，$D^{S*} \geq D^{C*}$；否则 $D^{S*} < D^{C*}$。

命题 3 表明，当保鲜服务费相对较低时，在情境 S 下，第三方物流服务商的保鲜努力水平、运费、销售价格和需求量都比情境 C 高。这一结论与命题 2 的结论一致，表明免费保鲜服务确实鼓励了第三方物流服务商提高保鲜努力水平，从而影响了生鲜产品需求。然而，与命题 2 不同的是，在收益共享的情况下，在线零售商与第三方物流服务商分享了部分收入，从而提高了产品价格。尽管如此，与转移支付合同相比，利用在收益共享合同激励第三方物流服务商实现了更高水平的保鲜努力更为可行，条件的宽松性（$\frac{\lambda(1 + b - b\eta)}{2a\lambda(2 - s) - b^2\eta^2} > \frac{\lambda(1 + b - b\eta)}{4a\lambda - b^2\eta^2}$）证明了这一结论。进一步表明，收益共享合同更利于协调生鲜产品供应链。

情境 S 和情境 C 中在线零售商和第三方物流服务商的利润比较见定理6。

定理6：（1）当 $s \leq s_1$ 时，则 $\pi_e^{S*} \geq \pi_e^{C*}$；否则 $\pi_e^{S*} < \pi_e^{C*}$。（2）当 $s \leq s_1$ 时，则 $\pi_l^{S*} \leq \pi_e^{C*}$；否则 $\pi_e^{S*} > \pi_e^{C*}$。此处 $s_1 =$

$$\frac{1}{2a\lambda(7\lambda a^2 f^2 - \lambda(1 + b - b\eta)^2 - 2af(\lambda + b(2bf\eta^2 + \lambda(1 - \eta))))}(4a f^2$$

$b^4\eta^4 + b^2(1 + af(2 - 23af)) + 2b(1 + af)(1 - \eta) + \lambda b^2(1 - \eta)^2\eta^2 - 4fa^2\lambda^2(2 - 7af + 2b(1 - \eta)))$。

定理6比较了场景 S 和场景 C 中生鲜产品在线生鲜零售商和第三方物流服务商的利润。结果表明，当收入分成比例 S 低于特定临界值 S_1 时，场景 S 中在线零售商的利润超过场景 C，而场景 S 中第三方物流服务商的利润低于场景 C，反之亦然。这表明，在收益共享合同下，在线生鲜零售商和第三方物流服务商利润高于非免费保鲜服务情境。不过，与转移支付相比，收益共享更有利于刺激第三方物流服务商提高保鲜努力水平，从而可能使消费者受益。

7.4.3 情境 T 和情境 S 对比

为了揭示不同契约合同（转移支付/收益分成）对 FPSC 的协调效应，本节先介绍在线生鲜零售商向消费者提供免费保鲜服务时的集中决策模型。在集中决策下，商家利润为

$$\pi_{sc} = pD - \frac{1}{2}\lambda\tau^2 \qquad (7.9)$$

计算得到当满足 $\lambda > \frac{b^2\eta^2}{2a}$ 时，存在

$$p_{sc}^* = \frac{\lambda(1 + b - b\eta)}{2a\lambda - b^2\eta^2}, \quad \tau_{sc}^* = \frac{b\eta(1 + b - b\eta)}{2a\lambda - b^2\eta^2}, \quad \pi_{sc}^* = \frac{\lambda(1 + b(1 - \eta))^2}{4a\lambda - 2b^2\eta^2}。$$

分别分析转移支付合同与收益合同对供应链效率的提升，得到命题 4 的结论。

命题 4：（1）$p^{T*} > p_{sc}^*$；

（2）$p^{S*} > p_{sc}^*$。

由命题 4 可以发现，转移支付合同与收益共享合同均可以降低双重边际效应，并达到比集中决策下更高的供应链效率。

然后比较转移支付合同和收益分成合同下的保鲜努力水平、运费、销售价格和需求。此外，还比较分析了不同合同对 FPSC 成员利润的影响。前者的影响见命题 5。

命题 5 （1）$\tau^{S*} \geqslant \tau^{T*}$。（2）当 $a \leqslant \dfrac{b^2 \eta^2 (2-s)}{\lambda(6-4s)}$ 时，$l^{S*} \geqslant l^{T*}$；否则 $l^{S*} < l^{T*}$。（3）$p^{S*} > p^{T*}$。（4）$D^{S*} \geqslant D^{T*}$。

命题 5 表明，当 FPSC 为消费者提供免费保鲜服务时，在收益共享合同下，保鲜努力水平量、销售价格和需求量均高于转移支付合同。同时，当消费者对价格的敏感度较低时，收益共享合同下的运费也高于转移支付合同下的运费，反之亦然。从这些结论中可以推断出，由于收益共享合同中在线零售商和第三方物流服务商的利益密切相关，因此对第三方物流服务商的保鲜努力水平有更大的激励作用。尽管销售价格和运费因此而上涨，但由于第三方物流服务商的努力，生鲜产品的新鲜度提高，仍然导致了需求的扩大。

随后，本章讨论情境 S 和 T 之间生鲜产品在线零售商和第三方物流服务商的利润关系。

定理 7：（1）当 $t \leqslant t_3$ 时，则 $\pi_e^{S*} \leqslant \pi_e^{T*}$；否则 $\pi_e^{S*} > \pi_e^{T*}$。

（2）当 $t \leqslant t_4$ 时，则 $\pi_l^{S*} \geqslant \pi_l^{T*}$；否则 $\pi_e^{S*} < \pi_e^{T*}$。此处

$$t_3 = \frac{as\lambda^2(1-b+b\eta)^2(b^4\eta^4 - 4a\lambda b^2\eta^2 + 4s a^2\lambda^2)}{(b^2\eta^2 - 4a\lambda)^2(b^2\eta^2 - 2a\lambda(2-s))^2},$$

$$t_4 = \frac{as\lambda^2(1-b+b\eta)^2}{(4a\lambda - b^2\eta^2)(2a\lambda(2-s) - b^2\eta^2)}°$$

定理 7 证明，当转移支付 t 低于临界值 t_3 时，收益共享合同中在线零售商的利润低于转移支付合同中在线零售商的利润；反之，当转移支付 t 超过该临界值时，在线零售商的利润高于转移支付合同中在线零售商的利润。同时，当转移支付低于另一个临界值 t_4 时，收益共享合同中的第三方

物流服务商的利润高于转移支付合同中的利润,反之亦然。因此,如果转移支付在 $t_3 < t < t_4$ 的范围内,收益共享合同中的生鲜产品在线零售商和第三方物流服务商的利润都会超过转移支付合同中的利润。此外,命题 4 已经证明,情境 S 中 3PL 供应商的保鲜努力也高于情境 T。因此,可以得出结论,与转移支付合同相比,收益共享合同更适合协调 FPSC。

7.5　结果分析

为了探讨引入保鲜服务对生鲜产品电子商务供应链的影响,以及在线生鲜零售商采用转移支付和收益共享合同向消费者提供免费保鲜服务时对第三方物流服务商的激励效果,本书建立了一个两阶段的 Stackelberg 博弈模型。在该模型中,消费者对生鲜产品价格和产品新鲜度水平敏感,我们首先分别求解了 FPSC 在无保鲜服务、消费者自行购买保鲜服务、转移支付合同下的免费保鲜服务以及收益共享合同下的免费保鲜服务四种情境下的均衡结果。通过对比分析,我们得到了引入保鲜服务对 FPSC 影响以及转移支付合同与收益共享合同对保鲜服务的激励效果,具体结论如下:

(1) 当消费者对生鲜产品价格和新鲜度敏感时,引入保鲜服务不仅可以降低运费和销售价格,还可以扩大需求,从而增加生鲜产品在线零售商的利润。但是,当保鲜服务费较低时,第三方物流服务商可能会因为提供保鲜服务而导致利润下降。

(2) 在转移支付合同下提供免费保鲜服务可以降低销售价格,当保鲜服务费较低时,可以增加第三方物流服务商的保鲜努力水平,提高运费,扩大需求。同时,当保鲜服务费较低时,在收益共享合同下提供免费保鲜服务会提高销售价格、运费和保鲜努力水平,扩大需求。

(3) 与转移支付合同相比,收益共享合同更利于激励第三方物流服务商提高保鲜努力水平。然而,这也会促使生鲜产品销售价格上涨。尽管如此,由于消费者从第三方物流服务商提供的保鲜服务中获得了更高的效用,即使收益共享合同下的价格更高,市场需求也会增加。此外,当消费者对价格的敏感度较低时,收益共享合同下的运费会更高。

本书通过探讨消费者同时对产品价格和新鲜度水平敏感对运营决策的影响,丰富了有关消费者行为和生鲜产品供应链管理的现有研究,对免费保鲜服务下的激励机制的考虑也有助于对 FPSC 的理解。此外，本书对免费保鲜服务下激励机制的分析也丰富了对生鲜产品供应链的理解。根据本章结论，可以得到几点管理启示：首先，我们建立了一个决策模型来描述零售商和第三方物流服务商在面对消费者时的最优定价和保鲜决策，零售商可以根据消费者的敏感度和产品的易腐性，更好地确定生鲜产品的定价和免费保鲜策略；其次，通过比较研究，我们证明了收益共享合同与转移支付合同相比，能更好地激励第三方物流服务商，扩大生鲜产品市场需求。在一定条件下，生鲜零售商与第三方物流服务商签订收益共享合同可以获得更高的利润。这为生鲜产品供应链管理者采用契约合同来协调供应链成员利益指明了方向。

本书的研究存在一定的局限性。本章假设需求是确定的，因此考虑随机或更复杂的需求情况将提高研究的完整性。此外，本章的研究没有考虑低端和高端消费者对价格和产品新鲜度的敏感度差异。为了更深入地了解消费者行为，有必要研究异质性评估、低端和高端消费者，以及同一消费者对价格和新鲜度的敏感度如何变化。最后，本章假设供应链中只销售一种产品，然而现实中生鲜产品的可替代性很高，因此，未来探索不同生鲜产品供应链的替代品运营决策将是一个有趣的研究方向。

本章附录

定理 1 证明：当消费者的效用是 $U_n = V - a p^N + b(1 - \eta)$，由 $U_n = 0$ 可以求出消费者估价的临界值 V_n，得到 $V_n = a p^N - b(1 - \eta)$，很容易推导出情境 N 的需求为

$$D^N = D_n^N = \int_{V_n}^{1} \mathrm{d}v = 1 - a p^N + b(1 - \eta)。$$

在线生鲜零售商要解决以下优化问题：$\max \pi_e^N(p) = (p^N - l) D^N = (p^N - l)(1 - a p^N + b(1 - \eta))$，显然二阶导为凹（Cancave）。一阶最优条件是

$$\frac{\partial \pi_e^N(p)}{\partial p} = 1 + b + a(l - 2p) - b\eta = 0。$$

求解这个方程可以得到一个唯一的解

$$p_{(l)}^{N*} = \frac{1 + b + al - b\eta}{2a}。$$

接下来，第三方物流服务商要解决下面的优化问题：$\max \pi_l^N(l) = l D^N =$

$l(1 - ap^N + b(1 - \eta))$，二阶导为凹。一阶最优条件是

$$\frac{\partial \pi_l^N(l)}{\partial l} = \frac{1}{2}(1 + b - 2al - b\eta) = 0。$$

求解这个方程可以得到一个唯一的解 $l^{N*} = \dfrac{1 + b - b\eta}{2a}$。根据 l^{N*}，我们可以得出最优销售价格、第三方物流服务商和在线生鲜零售商的最佳利润：$P^{N*} = \dfrac{3 + 3b - 3b\eta}{4a}$，$\pi_e^{N*} = \dfrac{(1 + b - b\eta)^2}{16a}$，$\pi_l^{N*} = \dfrac{(1 + b - b\eta)^2}{8a}$。

定理 2 证明：当消费者的效用是 $U_n = V - ap^C + b(1 - \eta)$ 和 $U_b = V - a(p^C + f) + b(1 - (1 - \tau)\eta)$，消费者估值的临界值 V_n，V_b 通过求解 $U_n = 0$ 和 $U_n = U_b$ 以得到，即

$$V_n = ap^C - b(1 - \eta)，\quad V_b = a(p^C + f) - b(1 - (1 - \tau)\eta)。$$

推导出方案 C 的需求为 $D^C = D_n^C + D_b^C$，其中

$$D_b^C = \int_{V_b}^{1} dv = 1 - a(p^C + f) + b(1 - (1 - \tau)\eta)，$$

$$D_n^C = \int_{V_n}^{V_b} dv = af - b\tau\eta。$$

在线生鲜零售商解决以下优化问题：

$$\max \pi_e^C(p) = (p^C - l)D^C = (p^C - l)(1 - ap^C + b(1 - \eta))，$$

显然二阶导为凹。一阶最优条件是

$$\frac{\partial \pi_e^C(p)}{\partial p} = 1 + b + a(l - 2p) - b\eta = 0。$$

求解这个方程可以得到一个唯一的解 $p_{(l, \tau)}^{C*} = \dfrac{1 + b + al - b\eta}{2a}$。接下来，第三方物流服务商决策保鲜努力水平和运费，求解二阶导得到以下海塞矩阵：$\begin{bmatrix} \dfrac{\partial^2 \pi_l^C}{\partial l^2} & \dfrac{\partial^2 \pi_l^T}{\partial l \partial \tau} \\ \dfrac{\partial^2 \pi_l^C}{\partial \tau \partial l} & \dfrac{\partial^2 \pi_l^C}{\partial \tau^2} \end{bmatrix} = \begin{bmatrix} -a & 0 \\ 0 & -\lambda \end{bmatrix}$，因其非负，存在唯一的最优保鲜努

力水平和运费，使第三方物流服务商的利润最大化。$\max \pi_l^C(l, \tau) = lD_n^C + (1 + f)D_b^C - \dfrac{1}{2}\lambda \tau^2$。存在一阶最优条件是

$$\frac{\partial \pi_l^C(l,\ \tau)}{\partial l} = \frac{1}{2}(1 + b - a(f + 2l) - b\eta) = 0_\circ$$

$$\frac{\partial \pi_l^C(l,\ \tau)}{\partial \tau} = bf\eta - \lambda\tau = 0_\circ$$

求解这个方程可以得到一个唯一的解

$$l^{C*} = \frac{1 + b - b\eta - af}{2a}, \quad \tau^{C*} = \frac{bf\eta}{\lambda}_\circ$$

根据 l^{C*}，τ^{C*}，得出最优销售价格、第三方物流服务商和在线生鲜零售商的最优利润：

$$p^{C*} = \frac{3 - af + 3b(1 - \eta)}{4a},$$

$$\pi_e^{C*} = \frac{(1 + b - b\eta + af)^2}{16a},$$

$$\pi_l^{C*} = \frac{1}{8}\left(\frac{(1 + b(1 - \eta))^2}{a} + \frac{2f(2fb^2\eta^2 + \lambda + b\lambda(1 - \eta))}{\lambda} - 7af^2\right)$$

定理 3 证明：当消费者的效用是 $U_b = V - ap^T + b(1 - (1 - \tau)\eta)$，求解 $U_b = 0$ 得到消费者估价的临界值 V_b，即

$$V_b = a(p^T + f) - b(1 - (1 - \tau)\eta),$$

很容易推导出情境 T 的需求为

$$D^T = D_b^T = \int_{V_b}^1 \mathrm{d}v = 1 - ap^T + b(1 - (1 - \tau)\eta),$$

在线生鲜零售商要解决以下优化问题：

$$\max \pi_e^T(p) = (p^T - l - f)D^T - t = (p^T - l - f)(1 - ap^T + b(1 - (1 - \tau)\eta)),$$

二阶导为凹，一阶最优条件是

$$\frac{\partial \pi_e^T(p)}{\partial p} = 1 + b + a(f + l - 2p) - b\eta(1 - \tau) = 0.$$

求解这个方程可以得到一个唯一的解

$$p_{(l,\ \tau)}^{T*} = \frac{1 + b + a(f + l) - b\eta(1 - \tau)}{2a}_\circ$$

然后，第三方物流服务商决策保鲜努力水平和运费，求解二阶最优值得到以下海塞矩阵：

$$\begin{bmatrix} \dfrac{\partial^2 \pi_l^T}{\partial l^2} & \dfrac{\partial^2 \pi_l^T}{\partial l \partial \tau} \\[3mm] \dfrac{\partial^2 \pi_l^T}{\partial \tau \partial l} & \dfrac{\partial^2 \pi_l^T}{\partial \tau^2} \end{bmatrix} = \begin{bmatrix} -a & \dfrac{b\eta}{2} \\[3mm] \dfrac{b\eta}{2} & -\lambda \end{bmatrix},$$

假设 $\dfrac{b^2 \eta^2}{4\lambda} < a < 1$，以使上述海塞矩阵为非负矩阵。那么存在唯一最优的保鲜努力水平和运费，从而使第三方物流服务商的利润最大化：$\max \pi_l^T(l, \tau) = (l + f) D^T + t - \dfrac{1}{2}\lambda \tau^2$。

一阶最优条件是

$$\frac{\partial \pi_l^T(l, \tau)}{\partial l} = \frac{1}{2}(1 + b - 2a(f + l)\eta - \lambda\tau) = 0。$$

$$\frac{\partial \pi_l^T(l, \tau)}{\partial \tau} = \frac{1}{2}b(f + l)\eta - \lambda\tau = 0。$$

求解这个方程可以得到唯一的解

$$l^{T*} = \frac{2\lambda(2af - 1 - b(1 - \eta)) - fb^2\eta^2}{b^2\eta^2 - 4a\lambda}, \quad \tau^{T*} = \frac{b\eta(1 + b(1 - \eta))}{4a\lambda - b^2\eta^2}。$$

根据 l^{T*}，τ^{T*}，我们得出最优销售价格、第三方物流服务商和在线生鲜零售商的最优利润：$p^{T*} = \dfrac{3\lambda(1 + b - b\eta)}{4a}$，

利润为 $\pi_e^{T*} = \dfrac{8at\lambda \, b^2\eta^2 - t\,b^4\eta^4 + a\,\lambda^2 \,(1 - 16at + b(2 + b(1-\eta))(1-\eta))}{(4a\lambda - b^2\eta^2)^2}$，

$$\pi_l^{T*} = \frac{\lambda(1 + 8at + b(1 + b(1 - \eta))(1 - \eta)) - 2tb^2\eta^2}{8a\lambda - 2b^2\eta^2}。$$

定理 4 证明：当消费者的效用为 $U_b = V - a p^S + b(1 - (1 - \tau)\eta)$，求解得到消费者估价的临界值 V_b：$V_b = a(p^S + f) - b(1 - (1 - \tau)\eta)$，推导出情境 T 的需求为：$D^S = D_b^S = \int_{V_b}^{1} \mathrm{d}v = 1 - ap^S + b(1 - (1 - \tau)\eta)$。在线生鲜零售商要解决以下优化问题：$\max\pi_e^S(p) = (1 - s)p^S D^S - (1 + f)D^S$，二阶导为四。一阶最优条件是

$$\frac{\partial \pi_e^S(p)}{\partial p} = 1 + a(f + l - 2p(1 - s)) - s + b(1 - s)(1 - \eta(1 - \tau)) = 0.$$

求解这个方程可以得到一个唯一的解

$$p_{(l,\ \tau)}^{S*} = \frac{1 + a(f+l) - s + b(1-s)(1-\eta(1-\tau))}{2a(1-s)}。$$

然后，第三方物流服务商设置保鲜努力水平和运费，求解二阶最优值得到

以下海塞矩阵：$\begin{bmatrix} \dfrac{\partial^2 \pi_l^S}{\partial l^2} & \dfrac{\partial^2 \pi_l^S}{\partial l \partial \tau} \\[3mm] \dfrac{\partial^2 \pi_l^S}{\partial \tau \partial l} & \dfrac{\partial^2 \pi_l^S}{\partial \tau^2} \end{bmatrix} = \begin{bmatrix} \dfrac{-a(2-s)}{2(1-s)^2} & \dfrac{b\eta}{2} \\[3mm] \dfrac{b\eta}{2} & \dfrac{sb^2\eta^2}{2a} - \lambda \end{bmatrix},$

假设 $\dfrac{b^2\eta^2}{\lambda(4-2s)} < a < 1$，以使上述海塞矩阵为非负矩阵。那么存在唯一最优的保鲜努力水平和运费，从而使第三方物流服务商的利润最大化：

$$\max \pi_l^S(l,\ \tau) = (l+f)D^S + sp^S D^S - \frac{1}{2}\lambda\tau^2。$$

一阶最优条件是

$$\frac{\partial \pi_l^S(l,\ \tau)}{\partial l} = \frac{1}{2}\left(1 + b - \frac{a(f+l)(2-s)}{(1-s)^2} - b\eta(1-\tau)\right) = 0,$$

$$\frac{\partial \pi_l^S(l,\ \tau)}{\partial \tau} = \frac{ab(f+l)\eta + bs\eta(1 + b - b\eta(1-\tau)) - 2a\lambda\tau}{2a} = 0。$$

求解这个方程可以得到一个唯一的解

$$l^{S*} = \frac{fb^2\eta^2 + 2\lambda - 2\lambda(2-s)(af+s) + 2b\lambda(1-\eta)(1-s)^2}{2a\lambda(2-s) - b^2\eta^2},$$

$$\tau^{S*} = \frac{b\eta(1 + b - b\eta)}{2a\lambda(2-s) - b^2\eta^2}。$$

根据 l^{S*}，τ^{S*}，得出最优销售价格、第三方物流服务商和在线生鲜零售商的最优利润：

$$p^{S*} = \frac{(3-2s)(1 + b(1-\eta))\lambda}{2a\lambda(2-s) - b^2\eta^2},$$

$$\pi_e^{S*} = \frac{a(1-s)(1 + b(1-\eta))^2\lambda^2}{(2a(2-s)\lambda)^2 - b^2\eta^2},$$

$$\pi_l^{S*} = \frac{\lambda(1 + b(1-\eta))^2}{4a\lambda(2-s) - 2b^2\eta^2}。$$

根据上述证明结论，可以得到其余所有的命题和定理的结论。

8 社区生鲜电商供应链
定价与销售半径决策研究

近年来随着人们生活品质的提高与电商产业的发展，社区生鲜电商零售从无到有，一路蓬勃发展。据相关报告①，2023 年生鲜电商交易规模达到 6 427.6 亿元，其中社区团购交易规模达到 3 228 亿元，同比增长53.71%。社区生鲜电商的发展，改变和重塑了人们的生鲜消费习惯，在这一新消费模式下，电商平台，例如：叮咚买菜、盒马鲜生、美团买菜等，链接了生鲜供应链上游的零售商与下游的消费者，提供最后一公里物流配送方案，为社区消费者提供足不出户即可购买生鲜产品的社区团购服务。

8.1 农产品物流与供应链研究

具体而言，社区生鲜电商具有三种运营模式，分别是：

（1）前置仓模式②③，即生鲜电商平台在社区附近设立多个小型生鲜产品集中仓库，再通过骑手从这些前置仓取货为顾客提供即时生鲜配送服务，目前采用前置仓模式有叮咚买菜、每日优鲜等电商公司；

（2）店仓一体化模式，即生鲜电商平台以门店为中心，门店既是生鲜超市又是线上订单的履约中心，消费者既可以到店购买，也可以线上下

---

① 网经社. 2023 年（上）中国生鲜电商市场数据报告[EB/OL].（2022-3-17）[2023-07-23]. https://www.100ec.cn/detail--6630408.html.

② 蒙铭友，邓世名，徐和. 前置仓库存容量与品类优化策略研究[EB/OL].（2021-01-12）[2024-04-08]. https://doi.org/10.13587/j.cnki.jieem.2024.04.011.

③ 庄峻，杨东. 面向生鲜电商的前置仓选址及订单履约决策优化研究 [J]. 中国管理科学，2024，32（2）：188-198.

单，如盒马鲜生等电商公司①；

（3）"当日下单，次日自提"的团购模式②，即生鲜电商平台通过在社区中招募团长，由团长负责向社区中的顾客发起生鲜团购、汇总订单以及分发商品，而生鲜平台则负责生鲜商品的采购、运输及售后服务等，目前主要有美团优选等生鲜电商采用这种运营模式。

在以上三种运营模式下，电商平台能够影响生鲜零售商的最大销售覆盖范围，生鲜零售商可以确定生鲜产品的销售价格。然而，由于生鲜产品本身具有易腐易损、保质保鲜期短的特点，销售及运输过程中的腐坏问题会导致巨大的浪费。在中国，生鲜产品的损失率达到25%-35%③，而在美国，每年有超过40%的易腐产品被浪费④。因此，在社区生鲜电商中一旦生鲜产品销售范围过大、配送时间过长就会导致产品腐烂变质，这就要求一方面生鲜产品在运输过程中采取一些必要的保鲜措施，比如采用冷链配送等。另一方面，生鲜电商平台要合理决策生鲜产品的销售覆盖范围，而这一过程又涉及生鲜零售商与生鲜电商平台的合作与博弈。在考虑到生鲜产品的易腐特质下，如何结合社区特点完善社区生鲜电商的供应链的运营决策，对生鲜产品的消费变革具有重要意义。

随着社区生鲜零售成为学术界热点问题，众多学者也对这一问题展开了详细探讨。潘琳等人在考虑时间、价格和新鲜度等多个因素的基础上，采用微分变分不等式分别建立了生鲜社区食品供应商和零售商的动态均衡模型，认为供应商和零售商可根据动态质量变化特征，采取不同的定价方式，从而实现利润的提升⑤。邵腾伟与吕秀梅构建了植入消费体验的生鲜电商 C2B2B2C 模型，揭示了电商平台要实现商业可持续性发展必须为消

---

① 但斌，江小玲，王烽权.生鲜电商流通模式演化与服务价值创造：盒马鲜生和京东生鲜的双案例研究 [J].商业经济与管理，2024（1）：20-36.

② 王夏阳，陈思琦，郑茵予.考虑渠道竞争的社区团购新零售问题研究[EB/OL].（2023-01-14）[2024-04-08].https://doi.org/10.13587/j.cnki.jieem.2024.05.007.

③ YANG L，TANG R，CHEN K. Call，put and bidirectional option contracts in agricultural supply chains with sales effort [J]. Applied Mathematical Modelling，2017，47：01-16.

④ CHEN J，DONG M，XU L. A perishable product shipment consolidation model considering freshness-keeping effort [J]. Transportation Research Part E：Logistics and Transportation Review，2018，115：56-86.

⑤ 潘琳，徐夏静，周荣庭.博弈视角下社区生鲜食品供应链双渠道动态定价研究[EB/OL].（2023-01-12）[2024-04-08].https://doi.org/10.16381/j.cnki.issn1003-207x.2021.1506.

费者设置质量追溯、物流配送、网购操作等多种全面丰富的体验场景①。浦徐进和金德龙研究了"农超对接"与"双渠道"两种模式下生鲜产品供应链的运作效率②。徐旭初和杨威以电商平台淘菜菜为案例,探究了社区团购农产品供应链的风险,构建了风险网络,评估风险关联程度并认为平台的采购交付是关键风险节点,有较强的风险影响能力③。此外,众多学者还关注了生鲜电商中的融资④、产品质量透明度⑤、需求预测⑥等问题。

然而,上述研究并没有关注到社区生鲜电商模式中电商平台对生鲜产品最大销售覆盖范围的决策能力。具体来说,消费者可以通过电商平台在线下单生鲜产品,电商平台就近分配订单到某一生鲜零售商营业点,然后生鲜平台在1~2天内通过自建物流体系将生鲜产品配送到消费者手中。在整个销售过程中,生鲜产品的价格、新鲜度对市场需求起着重要的影响:生鲜平台可以通过扩大销售半径覆盖更多的市场,但是较远的配送距离下必然引起产品配送时长的增加与新鲜度的下降,从而打击需求。生鲜平台需要结合需求信息、产品易腐性等决策生鲜零售商的销售覆盖半径以最大化利润,同时生鲜平台的配送服务如何影响入住平台的生鲜零售商的产品定价也有待进一步研究。在此背景下,探究社区生鲜电商供应链的定价与销售半径决策问题,能为社区生鲜电商供应链的销售与服务决策提供一定的参考和借鉴。

① 邵腾伟,吕秀梅.基于消费者主权的生鲜电商消费体验设置[J].中国管理科学,2018,26(8):118-126.
② 浦徐进,金德龙.生鲜农产品供应链的运作效率比较:单一"农超对接"vs.双渠道[J].中国管理科学,2017,25(1):98-105.
③ 徐旭初,杨威.社区团购农产品供应链的风险识别与风险网络结构分析:以淘菜菜为例[J].中国流通经济,2024,38(3):56-66.
④ TANG R, YANG L. Financing strategy in fresh product supply chains under e-commerce environment [J]. Electronic Commerce Research and Applications, 2020, 39: 100911.
⑤ JIANG B, LIU X, WANG C, et al. Price strategy of community fresh food e-commerce considering the heterogeneous needs of consumers and fresh quality transparency [J]. RAIRO-Operations Research, 2023, 57 (6): 3169-3190.
⑥ 胡玉真,王思睿,左傲宇.社区新零售背景下网格仓需求预测—配送决策迭代优化研究[EB/OL].(2023-01-13)[2024-04-08].https://doi.org/10.16381/j.cnki.issn1003-207x.2022.1251.

8.2　社区生鲜电商最优定价与销售半径决策模型

8.2.1　问题描述与假设

考虑一个生鲜零售商通过入驻生鲜平台（如多多买菜、美团优选等）将产品销售给消费者，同时借助平台的物流配送体系完成订单履行。其模型结构如图 8.1 所示。首先，生鲜零售商入驻平台将产品信息上架，消费者下单后生鲜零售商完成拣货，电商平台配送员前往生鲜零售商处取货并配送给消费者，消费者预先支付的钱款会在其确认收货后经生鲜平台支付给生鲜零售商。

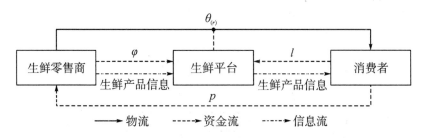

图 8.1　模型结构

在这一模式下，生鲜零售商通过在线平台拓展了生鲜产品的线上销售渠道，生鲜平台一边通过向生鲜零售商收取佣金（假设佣金率为 φ），一边向下游消费者收取配送费获取收益（假设单位产品配送费为 l，单位距离配送成本为 c），二者通过合作互惠共利。考虑到生鲜产品自然腐坏的特质，本书假设生鲜产品的初始新鲜度为 θ_0，单位时间内新鲜度的下降程度为 η，这一假设被常用于生鲜产品供应链的相关研究[①]。假定消费者对生鲜产品的价格与新鲜度敏感。生鲜零售需要决策生鲜产品单位销售价格 p，在不失一般性下为便于计算，不考虑生鲜零售商的生产成本。生鲜平台需要综合考虑产品新鲜度、市场需求与自身配送能力来决策最大销售覆盖半径，这一过程可以通过搜集生鲜零售商与消费者的距离交由程序自动决策是否向该消费者展示商家信息来实现。显而易见，当平台配送员平均

---

① 王磊，但斌. 考虑消费者效用的生鲜农产品供应链保鲜激励机制研究［J］. 管理工程学报，2015，29（1）：200-206.

配送速度为 v 时，销售距离为 τ 上的消费者收到产品的新鲜度为：$\theta_0 - \dfrac{\tau}{v}\eta$。当平台提高配送距离时，在线销售的生鲜产品可以覆盖更多的市场，然而随着配送距离的提高，产品新鲜度的下降必然打击市场需求。在这一过程中平台通过决策最大销售覆盖半径来最大化自身利润。参考 Liu 等[①]人的研究，以生鲜零售商为配送中心半径 r 公里内的总市场需求由社区的居民客户组成，设 $q(r)$ 为在距离配送中心 r 公里处收到的产品的新鲜度，将平台配送速度归一化为 1。图 8.2 说明了该模型中的市场需求。r 公里半径范围内的市场总需求如式（8.1）所示，为保证需求非负，假设 $r < R = \dfrac{2\theta_0}{\eta}$。模型所用参数符号及意义见表 8.1。

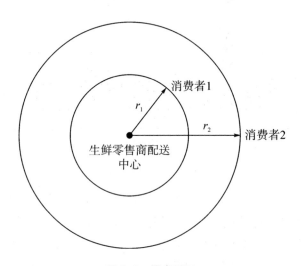

图 8.2　需求图示

$$D(r) = \int_0^r (q(\tau) - mp)\,\mathrm{d}\tau = \int_0^r (\theta_0 - \tau - mp)\,\mathrm{d}\tau \tag{8.1}$$

① LIU C, LV J, HOU P, et al. Disclosing products' freshness level as a non-contractible quality：Optimal logistics service contracts in the fresh products supply chain ［J］. European Journal of Operational Research，2023，307（3）：1085-1102.

表 8.1 参数符号表

符号	含义
$D(r)$	生鲜零售商覆盖 r 距离下的市场需求
π_e	生鲜平台的利润
π_r	生鲜零售商的利润
p	产品销售价格
θ_0	产品初始新鲜度
η	产品单位时间内腐坏程度
$\varphi(0 < \varphi < 1)$	入驻平台佣金率
$m(0 < m < 1)$	消费者对价格的敏感系数
l	电商平台单位需求的配送费用
c	电商平台配送运营成本系数

8.2.2 社区生鲜电商供应链决策模型

本章采用 Stackelberg 博弈理论[①]研究社区生鲜电商供应链成员的定价和服务决策。在生鲜电商供应链中，生鲜电商平台链接着上游生产端与下游消费端，并且同时为生鲜零售商和消费者提供从订单下达到订单完成的全流程财务与物流服务。相较于生鲜零售商，生鲜电商平台在博弈关系中往往拥有更强的议价权，因此假设生鲜平台为领导者，其首先决策入驻平台的生鲜零售商最大销售覆盖半径 r，在生鲜平台决策完之后，生鲜零售商作为跟随者决策其在线销售价格 p，之后则是消费者进行购买决策。值得注意的是，在平台代理模式下，一些学者考虑了在线平台对佣金率的决策，而本章不考虑佣金的决策，可以视为佣金在生鲜零售商决定入驻平台时已经由谈判合同确定，防止赋予生鲜平台过高的主导权偏离实际。此类做法也常见于相关研究[②]。

① VON STACKELBERG H. Market structure and equilibrium [M]. Springer Science & Business Media, 2010.

② TIAN Y, DAN B, LIU M, et al. Strategic introduction for competitive fresh produce in an e-commerce platform with demand information sharing [J]. Electronic Commerce Research, 2023, 23 (4): 2907-2941.

在生鲜电商供应链中，生鲜电商平台的收入主要由佣金和配送费组成，其承担的成本为配送成本，生鲜零售商不考虑生产成本则利润由扣除佣金之后的销售收入构成。二者利润表达式分别见式（8.2）、（8.3）。

$$\pi_{e(r)} = \varphi p D(r) + \int_0^r l q(\tau) \, d\tau - \int_0^r c\tau d\tau \tag{8.2}$$

$$\pi_{r(p)} = (1 - \varphi) p D(r) \tag{8.3}$$

采用逆向归纳法，令

$$Z = \sqrt{16 c^2 + \frac{16 c \eta (lm + \varphi \theta_0)}{m} + \frac{\eta^2 (4 l^2 m^2 + 2lm \varphi \theta_0 + \varphi^2 \theta_0^2)}{m^2}},$$

$$T = \sqrt{4 (2c + l\eta)^2 + \frac{2 \eta \varphi \theta_0 (8c + l\eta)}{m} + \frac{\varphi^2 \eta^2 \theta_0^2}{m^2}}.$$

首先，依据生鲜零售商最大化自身利润做销售价格决策，计算可知 $\frac{\partial^2_{r(p)}}{\partial p^2} = 2mr(\varphi - 1) < 0$，因此，有且仅有唯一的最优销售价格 $p^*_{(r)} = \frac{2 \theta_0 - r\eta}{4m}$ 使得生鲜零售商利润最大化。

其次，根据生鲜电商平台最大化自身利润做最大销售覆盖半径决策，代入 $p^*_{(r)}$，得到 $\max \pi_{e(r)} = \frac{\varphi \eta^2 r^3}{16m} - r^2 \left(\frac{c}{2} + \frac{l\eta}{4} + \frac{\varphi \eta \theta_0}{4m} \right) + r \left(\frac{l \theta_0}{2} + \frac{\varphi \theta_0^2}{4m} \right)$。可知此时生鲜电商平台利润关于销售覆盖半径为三次函数，计算平台利润关于销售半径的一阶导得到 $\frac{\partial \pi_{e(r)}}{\partial r} = - c + \frac{l(\theta_0 - \eta r)}{2} + \frac{\varphi(3 \eta^2 r^2 - 8r\eta \theta_0 + 4 \theta_0^2)\varphi}{16m}$，令 $\frac{\partial \pi_{e(r)}}{\partial r} = 0$，得到

$$r'_1 = \frac{1}{3\varphi \eta^2}(8cm + 4lm\eta + 4\varphi\eta \theta_0 - 2mZ),$$

$$r'_2 = \frac{1}{3\varphi \eta^2}(8cm + 4lm\eta + 4\varphi\eta \theta_0 + 2mZ).$$

同时求解 $\pi_{e(r)} = 0$，得到 $r_0 = 0$，

$$r_1 = \frac{2(2cm + lm\eta + \varphi\eta \theta_0 - \sqrt{m(4m c^2 + m l^2 \eta^2 + 4c\eta(lm + \varphi \theta_0))})}{\varphi \eta^2},$$

$$r_2 = \frac{2(2cm + lm\eta + \varphi\eta\theta_0 + \sqrt{m(4mc^2 + ml^2\eta^2 + 4c\eta(lm + \varphi\theta_0)))}}{\varphi\eta^2},$$

为保证需求非负，需要满足 $r < R = \dfrac{2\theta_0}{\eta}$。因此，分别分析 r_1'，r_2'，r_0，r_1，r_2 与 R 的大小关系，得到 $r_1' < R$，$r_2' > R$，$r_0 < R$，$r_1 > R$，$r_2 > R$，生鲜零售商利润如图 8.3 所示，因此存在唯一的 $r^* = r_1'$ 令生鲜平台的利润最大化。

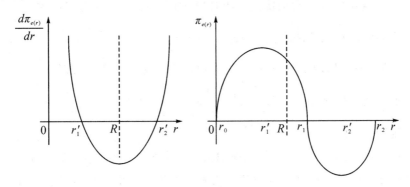

图 8.3　生鲜零售商利润

将 $r^* = r_1'$ 代入 $p_{(r)}^*$，最终计算得到均衡结果如命题 1 所示。

命题 1：生鲜电商平台的最优最大销售半径为

$$r^* = \frac{8cm + 4lm\eta + 4\varphi\eta\theta_0 - 2mZ}{3\varphi\eta^2},$$ 生鲜零售商最优销售价格为

$$p^* = \frac{\varphi\eta\theta_0 + mZ - 4c - 2lm\eta}{6m\varphi\eta}。$$

将命题 1 的结论代入式（8.1）、（8.2）、（8.3）得到推论 1 的内容。

推论 1：均衡结果下，社区生鲜电商需求为

$$D^* = \frac{(c(4 - 8m) + m(Z - 2l\eta) + \eta\theta_0)(4cm - mZ + 2lm\eta + 2\eta\varphi\theta_0)}{9\eta^3\varphi^2},$$

生鲜电商平台与生鲜零售商最优利润分别为 $\pi_e^* = \dfrac{1}{27m\varphi^2\eta^4}(4cm + 2lm\eta + 2\varphi\theta_0 - mT)(2m\varphi\theta_0(l\eta - 4c) - 2m^2(2c + l\eta)^2 + \varphi^2\eta^2\theta_0^2 + (2cm + l\eta m^2 + m\varphi\eta\theta_0)T)$，$\pi_r^* = \dfrac{1}{54m\varphi^3\eta^4}(4cm + 2lm\eta + 2\varphi\eta\theta_0 - mT)(\varphi\eta\theta_0 - 4cm - 2lm\eta + mT)^2$。

在命题 1 与推论 1 的结论基础上，继续分析生鲜电商平台最优销售半径与关键参数，如生鲜产品初始新鲜度、腐坏率、佣金率的关系，得到命题 2 的内容。

命题 2：（1）生鲜电商平台最优销售半径随生鲜产品初始新鲜度的增大而增大，随产品腐坏率的增大而减小，即 $\frac{\partial r^*}{\partial \theta_0} > 0$，$\frac{\partial r^*}{\partial \eta} < 0$；

（2）生鲜电商平台最优销售半径随生鲜产品单位配送费增大而增大，随配送运营成本系数的增大而减小，即 $\frac{\partial r^*}{\partial l} > 0$，$\frac{\partial r^*}{\partial c} < 0$；

（3）当产品腐坏率较低时，生鲜电商平台最优销售半径随平台佣金率增大而增大，反之相反。即当 $\eta < \frac{4c}{l}$ 时，$\frac{\partial r^*}{\partial \varphi} > 0$，否则 $\frac{\partial r^*}{\partial \varphi} < 0$。

证明过程略。

由命题 2 的（1）部分得知在消费者对生鲜产品新鲜度敏感的情况下，产品送达消费者时的新鲜度越高，生鲜电商平台越能够扩大销售半径。基于此，在实践中生鲜电商平台可以依据不同生鲜产品易腐性的差异而设定不同的销售半径，从而获取更多收益。命题 2 的（2）部分说明生鲜电商平台决策销售半径与配送业务的盈利性正相关，而（3）部分探究了平台佣金与消费者对价格的敏感性对最优销售半径的影响。研究发现，当生鲜产品腐坏率较低时，随着佣金率的提高，电商平台倾向于扩大销售半径，扩大市场份额，生鲜产品腐坏率较高时，随着佣金率的提高，电商往往选择稳固市场份额而非激进地扩张。

接下来，分析生鲜零售商最优销售价格生鲜产品初始新鲜度、腐坏率、佣金率的关系，得到命题 3 的内容。

命题 3：（1）生鲜零售商最优售价随生鲜产品初始新鲜度的增大而增大，随产品腐坏率的增大而减小，即 $\frac{\partial p^*}{\partial \theta_0} > 0$，$\frac{\partial p^*}{\partial \eta} < 0$；

（2）生鲜零售商最优售价随生鲜产品单位配送费增大而减小，随配送运营成本系数的增大而增大，即 $\frac{\partial p^*}{\partial l} < 0$，$\frac{\partial p^*}{\partial c} > 0$；

（3）当产品腐坏率较低时，生鲜零售商最优售价随佣金率增大而减小，相反随佣金率增大而增大，即当 $> \frac{4c}{l}$ 时，$\frac{\partial p^*}{\partial \varphi} > 0$；否则，$\frac{\partial p^*}{\partial \varphi} < 0$。

证明过程略。

命题 3 解释了产品新鲜度、配送业务与平台佣金对生鲜零售商最优售价的影响。从中可以发现产品初始新鲜度越高，生鲜零售商定价越高，而产品腐坏率越高，零售商定价越低。电商平台的配送业务也会影响生鲜零售商的最优售价。当平台单位配送费越高，会迫使生鲜零售商定较低的售价以免打击到价格敏感的消费者从而降低需求。相反，当平台的运营成本越大，平台则需要从生鲜零售商处抽取较高的佣金以保证收益，进而导致生鲜零售商决策较高的售价将入驻成本转移给消费者。此外，值得注意的是，只有当生鲜产品易腐坏时（η 较高），生鲜零售商才会选择在平台收取较高佣金时定较大的售价转移成本。而当生鲜产品不易腐坏时（η 较低），生鲜零售商反而有动力降低售价进而获得更大的市场需求。从而最大化自身利润。

在以上分析的基础上，对社区生鲜电商供应链成员的利润进行敏感性分析，得到命题 4 的内容。

命题 4：（1）对生鲜电商平台的最优利润进行敏感性分析得到如下结论：$\dfrac{\partial \pi_e^*}{\partial \theta_0} > 0, \dfrac{\partial \pi_e^*}{\partial \eta} < 0, \dfrac{\partial \pi_e^*}{\partial m} < 0, \dfrac{\partial \pi_e^*}{\partial c} < 0, \dfrac{\partial \pi_e^*}{\partial \varphi} > 0$。

（2）对生鲜零售商的最优利润进行敏感性分析得到如下结论：

$$\frac{\partial \pi_r^*}{\partial \theta_0} > 0, \quad \frac{\partial \pi_r^*}{\partial \eta} < 0, \quad \frac{\partial \pi_r^*}{\partial m} < 0。$$

证明过程略。

由命题 4 得知生鲜电商平台与生鲜零售商的最优均与生鲜产品的初始新鲜度正相关，且与腐坏率负相关。此外，二者的最优利润均会随消费者对价格敏感程度的提高而降低。对生鲜电商平台而言，由于其主导配送业务，因此配送费越高，其最优利润就越大，配送运营成本越高，其最优利润就越低。

8.3 数值算例

由于生鲜电商平台和生鲜零售商利润函数较为复杂，无法进一步分析。因此参考以往文献的做法[1][2]，对该生鲜电商供应链成员最优利润进行数值算例分析。令 $\theta_0 = 1$，$l = 0.3$，$c = 0.1$，$\varphi = 0.3$，分析生鲜电商平台与生鲜零售商的最优利润、产品腐坏率与消费者价格敏感性的关系，如图8.4所示。

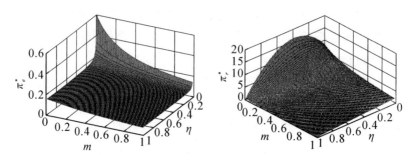

图8.4　生鲜供应链成员利润数值分析

通过对比发现，生鲜电商平台与生鲜零售商的最优利润均与消费者对价格的敏感性负相关，同时与和生鲜产品腐坏性负相关。区别在于，相比生鲜电商平台，生鲜零售商对产品送达消费者时的新鲜度的敏感性更低。原因在于，生鲜产品的配送过程由电商平台负责，其决策最大销售半径的同时也影响着消费者收到产品的新鲜度。这解释了在社区生鲜电商模式下，生鲜电商平台因为拓展了配送业务甚至会比生鲜零售商更加关心产品新鲜度情况，同时也带来了这样的管理启示，即生鲜电商平台在决策生鲜产品的最大销售半径时，需要着重考虑配送半径对产品新鲜度的影响，从而为消费者提供更好的服务，获得更好的收益。

---

① 张艳，牟进进，王淑云.商超具有价格控制力的生鲜品供应链优化决策［J］.中国管理科学，2023，31（10）：266-275.

② 林贵华，黄水华，陈拼博.外包情形下生鲜农产品供应链网络均衡模型［J］.系统科学学报，2024（4）：92-101.

8.4　结束语

本书关注新兴社区生鲜电商模型的出现和发展并从中获得启发，在尊重生鲜产品的易腐坏特性基础上，构建了以生鲜零售商为销售中心，通过入驻生鲜电商平台向周边社区居民在线销售生鲜产品的供应链模型。并且在此模型下，由电商平台负责生鲜产品的配送业务。由于业务形态的拓展，生鲜零售商需要综合多种因素做生鲜产品的在线售价决策，生鲜电商平台需要决策产品在线销售的最优销售半径。模型推导与数值分析表明，在社区生鲜电商模式下，生鲜电商平台与生鲜零售商通过合理决策与合作，能够实现业务规模和盈利能力的提升，并且生鲜电商平台需要尤其关注生鲜产品的新鲜度在配送过程中的衰减，并以此为依据合理决定生鲜产品的销售覆盖范围。

应当指出，本书仅考虑了一个生鲜零售商通过一个电商平台商在线销售生鲜产品的供应链结构，而现实生活中的生鲜零售商往往采纳"线上+线下"① 甚至是"+BOPS"② 的全渠道销售模式，并且随着社区生鲜电商与社交平台的融合发展，消费者也会通过多种途径了解产品信息，消费者不确定的消费决策和外界各种风险都会对生鲜零售商与生鲜电商平台的决策产生影响。进一步的研究可以考虑信息不对称市场下，消费者的不确定需求和其他条件对社区生鲜电商供应链成员动态定价和销售半径决策的影响。

---

① ZHANG X, HE M, YANG C. An optimal decision for the fresh food supply chain network under omnichannel context [J]. International Journal of Logistics Research and Applications, 2022: 01-42.

② LIU Y, YAN B, FAN J. Inventory strategy of fresh products for omni-channel supply chains [J]. Journal of the Operational Research Society, 2023: 01-16.

9 电商供应链中引入 AR 技术对产品质量与社会福利的影响

消费者线上购物过程由于先购买再收货导致了较高的退货率，相关研究显示，消费者线上购物退货的两大原因是质量缺陷以及产品不匹配，而提高产品质量和应用 AR 技术可以分别从这两大根源上减少退货的发生。本书关注电商平台和制造商在不同合作模式下通过提高产品质量与应用 AR 技术以应对在线购物过程中的高退货率问题，分析了退货情境下 AR 技术的应用对产品质量水平以及定价决策的影响。结果表明：线上购物中应用 AR 技术在减少因不匹配产生的退货问题的同时也会带来的"产品质量下滑"效应，同时转售模式下产品质量下滑比代理模式下更加严重，但由于 AR 技术对减少退货损失发挥的积极作用，一定条件下 AR 技术的应用可以有效提高消费者剩余和社会福利。

9.1 引言

近年来，增强现实技术（AR）在零售业、制造业、教育和医疗保健等行业的应用成为热点①。尤其在电子商务领域，AR 技术展现出巨大的应用前景和潜力②，越来越多的电商企业意识到其在改善网上购物体验和减少退货率方面的潜在优势，并大力促进 AR 技术在电商中落地应用，例如

---

① SIRIWARDHANA Y, PORAMBAGE P, LIYANAGE M, et al. A survey on mobile augmented reality with 5G mobile edge computing: architectures, applications, and technical aspects [J]. IEEE Communications Surveys & Tutorials, 2021, 23（2）: 1160-1192.

② CAI Y J, LO C K Y. Omni-channel management in the new retailing era: A systematic review and future research agenda [J]. International Journal of Production Economics, 2020, 229: 107729.

阿里巴巴的"Ali Genie"技术平台、京东的"AR 天工开放平台"、亚马逊的"Amazon Sumerian"平台，等等。电商企业通过此类技术平台为消费者线上购物提供"AR 试鞋""AR 试妆"等服务，AR 技术服务能够利用消费者智能电子设备上的摄像头将产品的 3D 模型投射到现实场景中，可以极大地方便消费者了解产品的大小尺寸颜色等信息，为消费者提供更真实的购买体验，弥补线上购物过程中"先购买后体验"带来的不足[1][2][3]。相关研究表明 AR 试用服务可将线上消费的退货率降低 25%[4]。正如《哈佛商业评论》所说，AR 技术提供的沉浸式购物体验可以为消费者在线购物体验提供重要价值[5]。然而，尽管 AR 技术能够帮助消费者在线购物时更好地了解产品信息，但却并不能解决在线购物高退货率的问题。UPS 2019 年的报告指出，除了 27%的因"产品不匹配"导致的退货问题，还有 27%因产品质量问题导致的退货[6]。实践中，电商供应链上游的制造商控制着产品质量，下游电商平台提供的产品信息和服务（例如"AR 试穿"等）进而影响消费者对产品尺寸大小颜色的判断。尽管直观上 AR 技术的应用能够帮助消费者在线购物时更好地匹配产品，但是实践中上反而可能导致产品质量的下降。据黑猫投诉平台数据显示，国内 AR 试鞋规模最大、精度最高的电商平台——得物[7]，有关鞋子质量问题的投诉达 2 880 条，甚至多于头部电商平台企业淘宝的 2 547 条，也远多于京东的 996 条[8]。与此同时，区别于淘宝天猫和京东自营的转售模式，得物与制造商主要通过代理模式销售产品，而不同的销售模式对 AR 技术产生的"质量下滑效应"的

① JAEKEL B. Sephora's virtual artist brings augmented reality to large audience [EB/OL]. Luxury Daily, 2016. http://kjglyj.ijournals.cn/ch/first_menu.aspx? parent_id=20130131095400001

② ARCHER S. Snapchat has taken a lead in one of the most disruptive areas of tech [J]. Business Insider, 2015, 01 (4): 43-52.

③ XU X, HONG Z, CHEN Y, et al. When is it wise to use artificial intelligence for platform operations considering consumer returns? [J]. European Journal of Operational Research, 2023, 308 (3): 1188-1205.

④ DELOITTE DIGITAL, SNAP INC. Snap consumer AR global report 2021 [R]. Snap Inc, 2021. https://www.readkong.com/page/snap-consumer-ar-saudi-arabia-report-2021-deloitte-1880641.

⑤ PAPAGIANNIS H. How AR is redefining retail in the pandemic [J]. Harvard Business Review, 2020, 10. https://hbr.org/2020/10/how-ar-is-redefining-retail-in-the-pandemic.

⑥ UPS. 2019 ups pulse of the online shopper [R]. UPS Inc, 2019.

⑦ 李慧文. 专访季爱军：得物 App 如何在两年内就成功落地端智能的？[N]. 今日头条, 2022. https://www.infoq.cn/article/Hjrlm4DVEhLbHw206dDe.

⑧ 数据获取于网站：https://tousu.sina.com.cn/, 2023-06-30.

影响是否不同？以及在 AR 技术可能影响产品质量的情况下，该技术的应用是否有利于消费者剩余和社会福利？

回顾以往文献，我们发现现有 AR 技术的研究多为实证研究，且主要从消费者购物体验入手分析 AR 技术在线上购物中发挥的作用。如黄（Huang）等①认为 AR 技术可以提高网上购物的交互性，马克·伊川·严（Yim M Y C）等②的研究证明 AR 技术可以增加信息的丰富度和生动性，安妮·罗斯·斯明克（Smink A R）等③则相信 AR 技术在改善个性化体验上可以发挥重要作用。尽管 AR 技术对改善消费者线上购物体验可以发挥重要作用，但同时一些学者的研究也表达了隐私威胁④，响应缓慢⑤、产品图像质量差⑥和消费者接受率低⑦等技术限制可能打击消费者使用 AR 技术热情，尽管对 AR 的研究已经硕果累累，但是用数学建模的方法去揭示 AR 实际应用中的内在机理研究仍较少。

在退货方面，学者们主要研究了不同退货政策对双渠道供应链定价策略的影响。杨浩雄等⑧研究了考虑跨渠道退货的双渠道供应链最优定价策略，刘金荣等⑨研究了考虑网络退货和渠道成本下实施全渠道 BOPS 的定

---

① HUANG T L, LIAO S L. Creating e-shopping multisensory flow experience through augmented-reality interactive technology［J］. Internet Research, 2017, 27（2）: 449-475.

② YIM M Y C, CHU S C, SAUER P L. Is augmented reality technology an effective tool for e-commerce? An interactivity and vividness perspective［J］. Journal of interactive marketing, 2017, 39（1）: 89-103.

③ SMINK A R, VAN REIJMERSDAL E A, VAN NOORT G, et al. Shopping in augmented reality: The effects of spatial presence, personalization and intrusiveness on app and brand responses［J］. Journal of Business Research, 2020, 118: 474-485.

④ RAUSCHNABEL P A, HE J, RO Y K. Antecedents to the adoption of augmented reality smart glasses: A closer look at privacy risks［J］. Journal of Business Research, 2018, 92: 374-384.

⑤ GOODE M, MAIN K. Introduction to the Special Issue-The Brave New World: How shopping and consumption is evolving with technology［J］. Canadian Journal of Administrative Sciences/Revue Canadienne des Sciences de l'Administration, 2020, 37（1）: 5-8.

⑥ YIM M Y C, CHU S C, SAUER P L. Is augmented reality technology an effective tool for e-commerce? An interactivity and vividness perspective［J］. Journal of interactive marketing, 2017, 39（1）: 89-103.

⑦ RAUSCHNABEL P A. Augmented reality is eating the real-world! The substitution of physical products by holograms［J］. International Journal of Information Management, 2021, 57: 102279.

⑧ 杨浩雄, 顾子跃, 王浩, 等. 考虑跨渠道退货的双渠道供应链最优策略［J］. 中国管理科学, 2022, 30（6）: 116-126.

⑨ 刘金荣, 徐琪, 陈啟. 考虑网络退货和渠道成本时全渠道 BOPS 定价与服务决策［J］. 中国管理科学, 2019, 27（9）: 56-67.

价与服务决策,张学龙等①指出当双渠道定价相同时,退货风险会使得销售价格变高,退货率的增大会加大退货风险对销售价格的影响力。何(He)等②侧重于通过多渠道退货的组合来降低退货成本,曼达尔(Mandal)等③建议商家采用基于产品属性的最佳全渠道策略,为消费者提供在线购买"触摸和感受"产品的机会。目前针对线上购物高退货率的问题,学者们多集中于研究双渠道乃至全渠道策略对降低退货损失的帮助,较少考虑到将 AR 技术的应用与提高产品质量相结合的做法以及在这过程中可能带来的其他更复杂的影响。

为了回答前文提出的问题以及弥补相应学术空白,本章建立了一个 Stackelberg 博弈模型,研究不同销售模式下制造商与电商平台应用 AR 技术对产品质量的影响,并通过数值实验比较了不同模式下 AR 技术的应用对产品质量、平台与制造商利润、消费者剩余以及社会福利的影响。

9.2 模型描述

考虑一个由制造商(m)、电商平台(e)与一群线上消费者构成的电商供应链,电商平台与制造商之间存在两种合作模式销售产品,分别为转售模式(R)和代理模式(M)。如图 9.1 所示,在转售模式下,制造商将产品以批发价格 w 销售给电商平台,再由平台销售给消费者,此时由电商平台为消费者提供 AR 服务,如 AR 试穿等,同时电商平台处理消费者退货问题;在代理模式下,制造商按佣金率 λ 向平台缴纳佣金后入驻平台并向消费者销售产品,同时在此情景下制造商为消费者提供 AR 服务,消费者的退货也由制造商接收处理。

① 张学龙,吴豆豆,王军进,等. 考虑退货风险的制造商双渠道供应链定价决策研究 [J]. 中国管理科学,2018,26(3):59-70.
② HE Y,XU Q,WU P. Omnichannel retail operations with refurbished consumer returns [J]. International Journal of Production Research,2020,58(1):271-290.
③ MANDAL P,BASU P,SAHA K. Forays into omnichannel:An online retailer's strategies for managing product returns [J]. European Journal of Operational Research,2021,292(2):633-651.

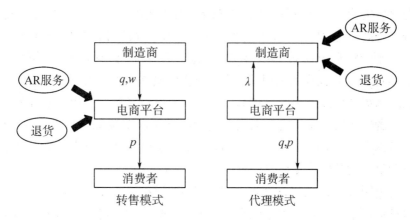

图 9.1 不同模式下的供应链结构

参考 Dan[①]、Ha 等[②]的假设，定义产品的市场需求是关于价格的一次线性函数，即 $D = a - bp$，其中 a 为产品的市场潜能，b 为产品需求对价格的敏感系数，$b \in (0, 1)$，p 为产品销售价格。不失一般性，假设产品的市场潜能为 1。假设产品由于质量问题以及线上购物不匹配等问题存在退货率，实践中产品退货率与产品质量呈负相关关系，与 AR 技术帮助消费者感知产品信息的效果呈反比，因此令 $\xi_{(q)} = (1 - \theta) \xi_0 - q$。其中 θ 为 AR 技术帮助感知产品信息的效果，$\theta \in (0, 1)$，ξ_0 为产品的基本退货率，$\xi_0 \in (0, 1)$，q 为制造商决策的产品质量。假设电商平台与制造商应用 AR 技术的成本为 F，提高产品质量的成本为 $c_{(q)}$。根据以往研究的做法，提高产品质量带来的成本与产品质量呈二次函数，即 $c_{(q)} = \frac{1}{2} q^2$，同时应用 AR 技术产生的成本与该技术帮助了解产品信息的效果以及市场需求呈正相关，即 $F = \theta \xi_0 D$。消费者购买产品后或由于质量问题或由于不匹配可将产品退给商家，并收到退款 r。假设退货残值为 s，为保证商家不可再从退货中盈利，令 $p > w > c > s > 0$。由于实践中大部分电商平台上的商家采用全额退款政策，部分商家退款时也仅扣除退货运费，所以退款一般接近于销售价格而高于退货的残值，因此假设 $r > s$。本章相关模型参数符号

---

① DAN B, XU G, LIU C. Pricing policies in a dual-channel supply chain with retail services [J]. International Journal of Production Economics, 2012, 139（1）: 312-320.

② HA A Y. Supplier-buyer contracting: Asymmetric cost information and cutoff level policy for buyer participation [J]. Naval Research Logistics（NRL）, 2001, 48（1）: 41-64.

及含义见表9.1。事件的时间顺序如图9.2所示。

表 9.1 模型参数符号及含义

符号	含义
i	$i = \{R, M\}$，R：表示转售模式，M：代理模式
j	不同主体，$j = \{m, e\}$，e 为电商平台，m 为制造商
Π_j^i	i 情境下 j 的利润
D	产品的市场潜能
p	产品销售价格
w	产品批发价格
c	单位生产成本
q	产品质量水平
λ	入驻平台的佣金率
r	退货退款
a	产品的市场规模
b	需求对价格的敏感性系数
s	产品残值
F	应用 AR 技术的成本
θ	AR 技术对退货率的影响
ξ_0	产品基本退货率

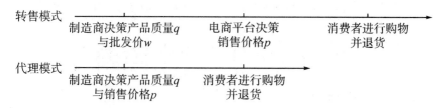

图 9.2 事件的时间顺序

9.3 不同合作模式下 AR 技术的应用

为分析不同销售模式下 AR 技术的应用对需求、销售价格以及电商平台和制造商利润的影响，运用 Stackelberg 博弈模型分析转售模式与代理模式下电商平台与制造商的定价与质量决策。

9.3.1 转售模式

当电商平台与制造商采用转售模式销售产品时，此时他们的利润分别如式（9.1）、式（9.2）所示。

$$\prod_{m(w,q)}^{R} = (w - c)D - c_{(q)} \tag{9.1}$$

$$\prod_{e(p)}^{R} = (p - w)D - \xi_{(q)}(r - s)D - F \tag{9.2}$$

此时，制造商的利润包括批发产品的收入 $(w-c)D$ 和提高产品质量付出的成本 $c_{(q)}$，电商平台的利润包括三个部分：销售产品的收入 $(p-w)D$，退货的成本 $\xi_{(q)}(r-s)D$ 以及应用 AR 技术的成本 F。制造商与电商平台最大化自身利润，求解可得此时的均衡结果，如命题 1 所示。

命题 1：转售模式下，存在唯一均衡产品质量、批发价格以及产品销售价格分别为

$$w^{R*} = \frac{bc(b(r-s)^2 - 2) + 2b((r-s)(1-\theta) + \theta)\xi_0 - 2}{b(b(r-s)^2 - 4)},$$

$$q^{R*} = \frac{(r-s)(b(c + ((r-s)(1-\theta) + \theta)\xi_0) - 1)}{b(r-s)^2 - 4},$$

$$p^{R*} = \frac{b((r-s)^2 - ((r-s)(1-\theta) + \theta)\xi_0 - c) - 3}{b(b(r-s)^2 - 4)}。$$

证明见 9 章附录。

命题 1 表明了转售模式下由平台销售产品并应用 AR 技术时的最优产品质量以及价格。此时最优产品质量与价格均与 AR 技术对产品退货率的影响程度有关，进一步分析可得命题 2 的内容。

命题 2：转售模式下，AR 的作用对需求、价格以及利润的影响：

(1) $\frac{\partial D^{R*}}{\partial \theta} < 0$。即 AR 技术对退货率的影响越大，需求越低。

(2) $\dfrac{\partial w^{R*}}{\partial \theta} > 0$。即 AR 技术对退货率的影响越大，批发价格越高。

(3) $\dfrac{\partial q^{R*}}{\partial \theta} < 0$。即 AR 技术对退货率的影响越大，产品质量越低。

(4) $\dfrac{\partial p^{R*}}{\partial \theta} > 0$。即 AR 技术对退货率的影响越大，销售价格越高。

(5) 当 $0 < \xi_0 < \min(1, \dfrac{1-c}{b((r-s)(1-\theta)+\theta)})$，则 $\dfrac{\partial \prod_e^R}{\partial \theta} < 0$，否

则 $\dfrac{\partial \prod_e^R}{\partial \theta} > 0$。即当产品基本退货率较低时，AR 技术对退货率的影响越大，平台利润越低；相反，当产品基本退货率较高时，AR 技术对退货率的影响越大，平台利润越大。

(6) 当 $0 < \xi_0 < \min(1, \dfrac{1-bc}{b((r-s)(1-\theta)+\theta)})$，则 $\dfrac{\partial \prod_m^R}{\partial \theta} < 0$，否

则 $\dfrac{\partial \prod_m^R}{\partial \theta} > 0$。当产品基本退货率较低时，AR 技术对退货率的影响越大，制造商利润越低；相反，当产品基本退货率较高时，AR 技术对退货率的影响越大，制造商利润越大。

证明见 9 章附录。

命题 2 详细描述了需求、批发价格、质量、销售价格以及平台和制造商最优利润与 AR 技术的关系。有趣的是命题 2 的部分（3）揭示了当 AR 技术对退货率的降低效果越好，产品质量将越低。这表明在转售模式下，AR 技术的应用的确会带来产品质量的下滑，而由于 AR 技术的应用带来的成本，产品销售价格也会提高并打击市场需求，但由于 AR 技术对退货率的降低效果，此时平台的真实销售订单量未必会因为市场需求的减小而减小。同时发现，AR 技术对平台以及制造商最优利润的影响主要取决于产品基础退货率的高低：当产品基础退货较低时，AR 技术对降低退货率的帮助并不能提高平台和制造商的利润，相反，应用该技术的成本以及对质量和需求的打击会降低平台和制造商的利润；而当产品基础退货率较高时，AR 技术的应用能够有效提高平台与制造商的最优利润。命题 2 启示转售模式下 AR 技术更适合于应用在高退货率产品上而不适于应用在低退

货率产品上。

在分析完转售模式下 AR 技术对均衡结果的影响之后，接下来分析代理模式下 AR 技术的应用对产品质量等因素影响。

9.3.2 代理模式

当电商平台与制造商采用代理模式销售产品时，此时他们的利润分别如式（9.3）、式（9.4）所示。

$$\prod\nolimits_{m(p, q)}^{M} = (1 - \lambda)(p - c)D - (r - s)\xi_{(q)}D - c_{(q)} - F \quad (9.3)$$

$$\prod\nolimits_{e}^{M} = \lambda(p - c)D \quad (9.4)$$

此时，制造商的利润包括扣除入驻平台的佣金之后销售产品的收入 $(1 - \lambda)(p - c)D$ 和处理退货的成本 $(r - s)\xi_{(q)}D$、提高产品质量付出的成本 $c_{(q)}$ 以及应用 AR 技术的成本 F，电商平台的利润为收取佣金 $(p - c)D$。制造商与电商平台最大化自身利润，求解可得此时的均衡结果如命题 3 所示。

命题 3：代理模式下，当 $0 < b < \dfrac{2(1 - \lambda)}{(r - s)^2}$ 时，存在唯一的均衡产品质量、均衡销售价格分别为

$$q^{M*} = \frac{(r - s)(\lambda - 1 + b(c(1 - \lambda) + ((r - s)(1 - \theta) + \theta)\xi_0))}{b(r - s)^2 - 2(1 - \lambda)},$$

$$p^{M*} = \frac{\lambda - 1 + b((r - s)^2 - c(1 - \lambda) - ((r - s)(1 - \theta) + \theta)\xi_0)}{b(b(r - s)^2 - 2(1 - \lambda))}。$$

证明见 9 章附录。

命题 3 表明了代理模式下由制造商销售产品并应用 AR 技术时的最优产品质量以及价格。此时最优产品质量与销售价格均与 AR 技术有关，进一步分析可得命题 4 的内容。

命题 4：代理模式下，AR 的作用对需求、价格以及利润的影响：

（1）$\dfrac{\partial D^{M*}}{\partial \theta} < 0$。即 AR 技术对退货率的影响越大，需求越低。

（2）$\dfrac{\partial p^{M*}}{\partial \theta} > 0$。即 AR 技术对退货率的影响越大，销售价格越高。

（3）$\dfrac{\partial q^{M*}}{\partial \theta} < 0$。即 AR 技术对退货率的影响越大，产品质量越低。

（4）当 $0 < \xi_0 < \min\left(1, \dfrac{(1-\lambda)(1-bc)}{b(r-s)(1-\theta)+b\theta}\right)$，则 $\dfrac{\partial \prod_e^M}{\partial \theta} > 0$，否则 $\dfrac{\partial \prod_e^M}{\partial \theta} < 0$。即当产品基本退货率较低时，AR 技术对退货率的影响越大，平台利润越高；相反，当产品基本退货率较高时，AR 技术对退货率的影响越大，平台利润越低。

（5）当 $0 < \xi_0 < \min\left(1, \dfrac{(1-\lambda)(1-bc)}{b(r-s)(1-\theta)+b\theta}\right)$，则 $\dfrac{\partial \prod_m^M}{\partial \theta} < 0$，否则 $\dfrac{\partial \prod_m^M}{\partial \theta} > 0$。即当产品基本退货率较低时，AR 技术对退货率的影响越大，制造商利润越低；相反，当产品基本退货率较高时，AR 技术对退货率的影响越大，制造商利润越大。

证明见 9 章附录。

命题 4 详细描述了代理模式下需求、销售价格、产品质量以及平台和制造商利润与 AR 技术的关系。研究发现代理模式下 AR 技术的应用对需求、销售价格以及产品质量的影响与转售模式下相似：当 AR 技术降低退货率的效果越好，产品质量越低，产品的销售价格越高同时需求也越低。但不同于转售模式，在代理模式下，当产品基础退货率较低时，AR 技术降低退货率的效果越好，平台的利润越高而制造商的利润越低；在产品基础退货率较高时，AR 技术降低退货率的效果越好，平台的利润越低而制造商的利润越高。这是因为平台此时的利润来源只有收取制造商的佣金，在产品基础退货率较低时，佣金收入对价格更加敏感，因此 AR 技术对退货率的降低效果越好，价格越高，从而导致平台的佣金收入越大；相反，当产品的基础退货率较大时，佣金收入对需求的变化更加敏感，此时 AR 技术带来的退货率的降低并不可能直接为平台带来收益，相反会导致需求的减少从而降低了平台的最优利润，而 AR 技术对制造商收益的影响还包括降低退货率进而减少退货成本以及使用 AR 技术的成本的负担。

在代理模式下，平台收取的佣金高低也会对需求、质量和价格产生影响，实践中平台可以通过调节佣金率来制约制造商获取更高收益，在本章中将佣金率视为外生参数，分析佣金率对均衡结果的影响得到以下命题 5 的内容。

命题5：代理模式下，佣金对需求、质量、价格的影响：

（1）当 $0 < \xi_0 < \min\left(1, \dfrac{(1-bc)(r-s)^2}{2((r-s)(1-\theta)+\theta)}\right)$，则 $\dfrac{\partial D^{M*}}{\partial \lambda} > 0$，否则 $\dfrac{\partial D^{M*}}{\partial \lambda} < 0$。即当产品基础退货率较低时，随着佣金率的提高，需求将增大，相反当产品基础退货率较高时，随着佣金率的提高，需求将减小。

（2）当 $0 < \xi_0 < \min\left(1, \dfrac{(1-bc)(r-s)^3}{2(r-s)((r-s)(1-\theta)+\theta)}\right)$，则 $\dfrac{\partial q^{M*}}{\partial \lambda} > 0$，否则 $\dfrac{\partial q^{M*}}{\partial \lambda} < 0$。即当产品基础退货率较低时，随着佣金率的提高，产品质量将提高，相反当产品基础退货率较高时，随着佣金率的提高，质量将降低。

（3）当 $0 < \xi_0 < \min\left(1, \dfrac{(1-bc)(r-s)^2}{2(r-s)((r-s)(1-\theta)+\theta)}\right)$，则 $\dfrac{\partial p^{M*}}{\partial \lambda} < 0$，否则 $\dfrac{\partial p^{M*}}{\partial \lambda} > 0$。即当产品基础退货率较低时，随着佣金率的提高，销售价格将减小，相反当产品基础退货率较高时，随着佣金率的提高，销售价格将增大。

证明见9章附录。

命题5描述了佣金率对需求、产品质量以及销售价格的影响。研究发现该影响与产品的基本退货率紧密相关。当产品退货率较低时，随着佣金率的提高，需求、产品质量会增大，销售价格会降低，而当产品的基本退货率较大时，随着佣金率的提高，需求、产品质量会降低，而销售价格会增大。这是因为当产品退货率较低时，制造商利润对需求更敏感，此时随着佣金率的上升，制造商会降低价格刺激需求，同时提高质量降低退货率。而当产品的退货率较大时，此时制造商会选择制定一个较高的销售价格转移佣金成本，同时降低产品质量减少提升产品质量带来的成本来保证收益。

分析完转售模式以及代理模式的情形后，接下来对比两种模式下的需求、质量以及销售价格，分析不同合作模式带来的差异。

9.3.3　不同模式下的比较

本节主要比较转售模式与代理模式下的需求、价格以及产品质量的差异，并通过比较不同模式下 AR 技术对产品质量"降低效应"的强弱得出相关结论。首先对两种模式下的均衡需求、产品质量水平以及销售价格进行比较，得到命题 6 的结论。

命题 6：不同销售模式下产品需求、质量和价格的比较：

（1）当 $0 < \xi_0 < \min\left(1, \dfrac{(1-bc)\ (2-\lambda\ (2-b\ (r-s)^2)\ )}{2b\ (1+\lambda)\ ((r-s)\ (1-\theta)+\theta)}\right)$，则 $D^{M*} > D^{R*}$，反之 $D^{M*} < D^{R*}$。即当产品退货率较低时，代理模式下的需求大于转售模式下的需求，反之则是转售模式下的需求更大。

（2）当 $0 < \xi_0 < \min\left(1, \dfrac{(1-bc)\ (2-\lambda\ (2-b\ (r-s)^2)\ )}{2b\ (1+\lambda)\ ((r-s)\ (1-\theta)+\theta)}\right)$，则 $q^{M*} > q^{R*}$，反之 $q^{M*} < q^{R*}$。即当产品退货率较低时，代理模式下的产品质量高于转售模式下的产品质量，反之则是转售模式下的产品质量更高。

（3）当 $0 < \xi_0 < min\ (1, \dfrac{(1-bc)\ (2-\lambda\ (2-b\ (r-s)^2)\ )}{2b\ (1+\lambda)\ ((r-s)\ (1-\theta)+\theta)})$，则 $p^{M*} < p^{R*}$，反之 $p^{M*} > p^{R*}$。即当产品退货率较低时，转售模式下的销售价格高于代理模式下的销售价格，反之则是代理模式下的销售价格更高。

证明见 9 章附录。

命题 6 指出当产品基础退货率低于一个阈值时，代理模式下的销售价格更高同时需求与产品质量更低。在代理模式下制造商在决策产品质量的同时自己销售产品，相比转售模式此时制造商的权利以及自主性更高，当销售的产品基础退货率较低时，制造商倾向于制定一个较高的销售价格同时减低产品质量以减少成本扩大利润空间。而对消费者而言，代理模式下较高的销售价格打击到购买产品的积极性从而减小的市场需求。

比较完不同模式下需求、质量和销售价格的差异之后，针对两种模式下产品质量水平均会因 AR 技术减降低的现象进行进一步的讨论，得出命题 7。

命题 7：AR 带来的"质量降低效应"的强度比较：转售模式下，AR 技术对降低退货率的帮助引起的产品质量下滑问题会更严重，即 $\dfrac{\partial q^{M*}}{\partial \theta} < \dfrac{\partial q^{R*}}{\partial \theta}$。

证明见 9 章附录。

命题 7 表明当 AR 技术对退货率的影响相同时，转售模式下产品质量下降的程度大于代理模式下产品质量的下降程度。这是因为在代理模式下制造商需要为产品质量问题承担退货成本，其在处理退货成本时一方面可以主导产品质量水平的决策，另一方面可以主导 AR 技术的使用。尽管此时制造商会选择应用 AR 技术来应对退货问题，导致产品质量会在一定程度上下降，但并不会特别严重，相反转售模式下，退货的压力主要在平台承担，而平台没有直接主导产品质量的权利，因此 AR 技术的应用不可避免地会带来产品质量的严重下降。对消费者而言，AR 技术积极的一面是帮助他们在线上购物过程中更好地匹配产品、降低退货发生的概率，但与此同时，AR 技术也会带来产品质量下降的消极影响，因此站在消费者和供应链的角度综合考虑 AR 技术带来的影响具有一定的必要性。

9.4　AR 技术对消费者剩余与社会福利的影响

基于转售模式与代理模式下的均衡结果，本节将计算分析 AR 技术对消费者剩余以及社会福利的影响。根据以往文献的做法[1][2]，消费者效用为需求的二次函数，因此令 $U_{(D)} = \dfrac{D}{b} - \dfrac{D^2}{2b}$，消费者剩余为：$CS = U_{(D)} - pD$ $= \dfrac{1 - bD}{b} - \dfrac{D^2}{2b}$，社会福利为：$SW = CS + \prod_e + \prod_m$。分别计算代理模式和转售模式下的消费者剩余得到式（9.5）、式（9.6）。

$$CS^{R*} = \frac{(b(c+\xi_0((r-s)(1-\theta)+\theta))-1)(7+b(c-2(r-s)^2+\xi_0((r-s)(1-\theta)+\theta)))}{2b(4-b(r-s)^2)^2}$$

（9.5）

$$CS^{M*} = -\frac{((1-bc)(1-\lambda) - b\xi_0((r-s)(1-\theta)+\theta))(b(2(r-s)^2 - c(1-\lambda) - \xi_0((r-s)(1-\theta)+\theta)) - 3(1-\lambda))}{2b(b(r-s)^2 - 2(1-\lambda))^2}$$

（9.6）

将式（9.1）至式（9.6）代入 $SW = CS + \prod_e + \prod_m$，分别计算得到代

① WANG N, LI Z. Supplier Encroachment with a Dual-Purpose Retailer [J]. Production and Operations Management, 2021, 30（8）：2672-2688.

② DIAO W, HARUTYUNYAN M, JIANG B. Consumer fairness concerns and dynamic pricing in a channel [J]. Marketing Science, 2023, 42（3）：569-588.

理模式和转售模式下的社会福利如式（9.7）、式（9.8）所示。

$$SW^{R*} = -\frac{(b\xi_0(c+((r-s)(1-\theta)+\theta))-1)(13+b(c(b(r-s)^2-5)-3(r-s)^2+\xi_0(b(r-s)^2-5)((r-s)(1-\theta)+\theta)))}{2b(b(r-s)^2-4)^2}$$

$$(9.7)$$

$$SW^{M*} = \frac{1-bc(1-\lambda)-\lambda-b\xi_0((r-s)(1-\theta)+\theta)}{2b(b(r-s)^2-2(1-\lambda))^2}(5(1-\lambda)-$$

$$b((3+\lambda)(r-s)^2)+c(1-\lambda-b(1+\lambda)(r-s)^2)-$$

$$\xi_0((r-s)(1-\theta)+\theta)(1-4\lambda-b)(r-s)^2) \qquad (9.8)$$

得出不同模式下的消费者剩余与社会福利后，接下来分别分析不同模式下 AR 技术对消费者剩余和社会福利的影响，结论见命题8。

命题8：令 $T = r - s$，（$0 < T < 1$），则有：

（1）在转售模式下，$\frac{\partial CS^{R*}}{\partial \theta} < 0$，$\frac{\partial SW^{R*}}{\partial \theta} < 0$，即当 AR 技术降低退货率的效果越好，消费者剩余和社会福利越低；

（2）在代理模式下，当 $0 < \xi_0 < \min\left[1, \frac{bT^2-(1-bc)(1-\lambda)}{bT(1-\theta)\theta}\right]$ 时，则 $\frac{\partial CS^{M*}}{\partial \theta} > 0$，当 $\max\left[0, \frac{bT^2-(1-bc)(1-\lambda)}{bT(1-\theta)\theta}\right] < \xi_0 < 1$ 时，则 $\frac{\partial CS^{M*}}{\partial \theta} < 0$。同时当 $0 < \xi_0 < \min\left[1, \frac{(2\lambda-1)(\lambda-1)+cb^2T^2-b(2T^2+c(1-\lambda(3-2\lambda)))}{(T(1-\theta)\theta)(b^2T^2+b(4\lambda-1))}\right]$ 时，则 $\frac{\partial SW^{M*}}{\partial \theta} > 0$，当 $\max\left[0, \frac{(2\lambda-1)(\lambda-1)+cb^2T^2-b(2T^2+c(1-\lambda(3-2\lambda)))}{(T(1-\theta)\theta)(b^2T^2+b(4\lambda-1))}\right] < \xi_0 < 1$ 时，则 $\frac{\partial SW^{M*}}{\partial \theta} < 0$。

证明见9章附录。

命题8说明了 AR 技术在转售模式与代理模式下对消费者剩余与社会福利的影响。其中命题8的（1）部分表明在转售模式下，当 AR 技术降低退货率的效果越好，消费者剩余与社会福利越低。这主要是因为在不考虑消费者行为的情况下，AR 技术的应用会进一步提高产品销售价格，同时降低产品质量，说明此时平台与制造商通过 AR 技术减少的退货损失并不足以弥补应用该技术带来的成本以及质量下降的负面影响。（2）部分表明代理模式下当产品的基础退货率较低时，消费者剩余和社会福利会因为 AR 技术的应用而增大。这主要是因为当产品的基础退货率已经足够低时，AR 技术带来的质量下降效应有限，此时制造商通过应用 AR 技术减少退货损失的利好可以使消费者以及整个供应链受益，实现多方共赢。

9.5 数值仿真分析

鉴于转售模式以及代理模式下电商平台与制造商利润函数的复杂性与不确定性，导致难以对平台与制造商在不同合作模式下应用 AR 技术的定价以及质量决策等进行直接观察与研究。为了深入剖析不同 θ 范围的平台与制造商的决策变量、利润以及消费者剩余以及社会福利的演变规律，寻求平台与制造商采取不同策略的适用条件与择优区间，本节通过固定模型中部分参数值，探析变动量对平台与制造商利润、消费者剩余以及社会福利的影响[①]。

根据以往文献以及实践中的情况，固定参数值 $\lambda = 0.3$、$b = 0.2$、$\xi_0 = 0.4$、$c = 0.3$、$s = 0.2$、$r = 0.8$。令 AR 技术对退货的影响依次从 0.1 增大到 1，计算得到表 9.2 的内容。

表 9.2　θ 对不同模式下均衡结果的影响

（$\lambda = 0.3$，$b = 0.2$，$\xi_0 = 0.4$，$c = 0.3$，$s = 0.2$，$r = 0.8$）

θ	销售模式	D^*	q^*	p^*	w^{R*}	$\prod_e^*$	$\prod_m^*$	CS^*	SW^*
0.1	转售模式（R）	0.229 9	0.046 0	3.857 0	2.598 6	0.264 2	0.527 3	1.022 8	1.825 1
	代理模式（M）	0.456 6	0.091 3	2.717 0	—	0.331 1	0.725 6	1.770 5	2.840 8
0.2	转售模式（R）	0.228 3	0.045 7	3.858 7	2.582 6	0.260 5	0.520 0	1.015 9	1.805 8
	代理模式（M）	0.452 0	0.090 4	2.739 9	—	0.330 9	0.711 0	1.756 5	2.809 9
0.3	转售模式（R）	0.226 7	0.045 3	3.866 7	2.566 5	0.256 9	0.512 7	1.008 9	1.786 5
	代理模式（M）	0.447 4	0.089 5	2.762 9	—	0.330 6	0.696 6	1.742 4	2.779 3
0.4	转售模式（R）	0.225 1	0.045 0	3.874 7	2.550 5	0.253 2	0.505 5	1.002 0	1.767 3
	代理模式（M）	0.442 8	0.088 6	2.785 9	—	0.330 2	0.682 4	1.728 1	2.748 6

---

① 汪旭晖，任晓雪. 退货补贴模式下零售商退货联盟战略研究［EB/OL］.（2023-01-19）［2023-07-19］. http://kns.cnki.net/kcms/detail/11.2267.N.20230320.1407.006.html.

表9.2(续)

θ	销售模式	D^*	q^*	p^*	w^{R*}	$\prod_e^*$	$\prod_m^*$	CS^*	SW^*
0.5	转售模式（R）	0.223 4	0.044 7	3.882 8	2.534 5	0.249 6	0.498 3	0.995 0	1.748 1
	代理模式（M）	0.438 2	0.087 6	2.808 9	–	0.329 8	0.668 3	1.713 8	2.717 9
0.6	转售模式（R）	0.221 8	0.044 4	3.890 8	2.518 4	0.246 1	0.491 2	0.988 0	1.729 1
	代理模式（M）	0.433 6	0.086 7	2.831 9	–	0.329 4	0.654 3	1.699 2	2.657 1
0.7	转售模式（R）	0.220 2	0.044 0	3.898 8	2.502 4	0.242 5	0.484 1	0.981 0	1.710 1
	代理模式（M）	0.429 0	0.085 8	2.854 9	–	0.328 8	0.640 5	1.684 6	2.656 3
0.8	转售模式（R）	0.218 6	0.043 7	3.906 8	2.486 4	0.239 0	0.477 1	0.974 0	1.691 2
	代理模式（M）	0.424 4	0.084 9	2.877 9	–	0.328 2	0.626 9	1.669 8	2.625 5
0.9	转售模式（R）	0.217 0	0.043 4	3.914 8	2.470 3	0.235 5	0.470 1	0.966 9	1.672 4
	代理模式（M）	0.419 8	0.084 0	2.900 9	–	0.327 6	0.613 4	1.654 9	2.594 7
1.0	转售模式（R）	0.215 4	0.043 1	3.922 8	2.454 3	0.232 1	0.463 2	0.959 9	1.653 7
	代理模式（M）	0.415 2	0.083 0	2.923 9	–	0.326 9	0.600 0	1.639 9	2.563 9

从表9.2中不难看出，代理模式下平台与制造商的利润、消费者剩余和社会福利总是高于转售模式。为了更直观地观察平台与制造商的利润与θ的关系，令$\Delta\prod_e^* = \prod_e^{M*} - \prod_e^{R*}$、$\Delta\prod_m^* = \prod_m^{M*} - \prod_m^{R*}$。针对代理模式下不同佣金率的情况分别令$\lambda = 0.2$、$\lambda = 0.4$、$\lambda = 0.6$，作图9.3。从图9.3可以看到当佣金率较低时，代理模式下制造商的利润高于转售模式，此时当θ较小时，转售模式下的平台利润较大；当θ较大时，代理模式下的平台利润较大。当佣金率适中时，代理模式下平台与制造商的利润高于转售模式。在高佣金率下，代理模式下制造商的利润低于转售模式，而平台的利润依旧是代理模式下更高。同时，我们发现制造商利润差随θ的增大而减小，平台利润差随θ的增大而增大。

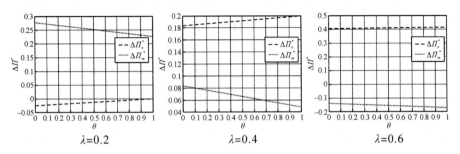

图9.3 不同佣金率下θ对利润差的影响

同理，为更加直观地观察不同模式下 θ 对消费者剩余以及社会福利的影响，令 $\Delta CS^* = CS^{M*} - CS^{R*}$，$\Delta SW^* = SW^{M*} - SW^{R*}$，作图 9.4。

图 9.4 表明随着当 AR 降低退货率的效果越好，则消费者剩余差与社会福利差越低。这进一步证明了命题 7 与命题 8 的成立。当 AR 技术帮助降低退货率的效果越好，则代理模式下产品质量下降幅度大于转售模式下的下降幅度，导致因质量问题出现更严重的退货问题，使得代理模式下的消费者剩余与社会福利下降幅度大于转售模式下的下降幅度。因此消费者剩余差与社会福利差呈现出下降的趋势。

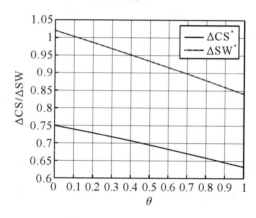

图 9.4　θ 对消费正剩余差以及社会福利差的影响

9.6　结束语

本章研究了 AR 技术在电子商务中的应用对电商平台与制造商产品质量与定价决策的影响，并构建了转售模式与代理模式下考虑退货的平台与制造商利润模型。通过逆向归纳法求解得到两种合作模式下的最优定价与产品质量水平以及最优利润解析解，然后进一步计算了不同合作模式下的消费者剩余与社会福利，分析了 AR 技术在可能带来产品质量下降的效应下对消费者剩余与社会福利的影响，最后以数值比较了不同合作模式下的平台与制造商的定价、产品质量水平、利润、消费者剩余与社会福利大小。研究表明：当退货问题与产品质量与不匹配因素相关时，AR 技术的应用会带来产品质量的下降，并且转售模式下产品质量下降问题更加严重。这带给我们的管理启示是：在在线购物过程中应用 AR 技术的同时，还需要关注产品质量的控制，使得 AR 技术的应用能够为消费者、平台和制造商创造"三赢"的场景。

同时本书为了简化分析，未考虑消费者的行为而采用定义需求的方法。后续的研究可以进一步考虑消费者选择偏好对 AR 技术应用产生的影响，以便更好地解决电商供应链中 AR 技术的应用产生的运作管理问题。

本章附录

命题 1 证明：采用逆向归纳法，首先对平台利润函数求二阶偏导可得

$$\frac{\partial^2 \prod_e^R}{\partial p^{R2}} = -2b < 0,$$ 因此平台利润函数为严格凹。对 p^R 求一阶导可得：

$$\frac{\partial \prod_e^R}{\partial p^R} = 1 + b(-2p - q(r-s) + w + (r - s(1-\theta) + \theta - r\theta)\xi_0)$$

(9.9)

令其为 0，可得最优销售价格关于批发价与产品质量的函数表达式：

$$p_{(w, q)}^{R*} = \frac{1 + b(w - q(r-s) + ((r-s)(1-\theta) + \theta)\xi_0)}{2b}$$

此时制造商需要同时决策产品质量与批发价，求解得到海塞矩阵：

$$H_1 = \begin{bmatrix} \dfrac{\partial^2 \prod_m^R}{\partial w^{R2}} & \dfrac{\partial^2 \prod_m^R}{\partial w^R \partial q^R} \\ \dfrac{\partial^2 \prod_m^R}{\partial q^R \partial w^R} & \dfrac{\partial^2 \prod_m^R}{\partial q^{R2}} \end{bmatrix} = \begin{bmatrix} -b & \dfrac{b(r-s)}{2} \\ \dfrac{b(r-s)}{2} & -1 \end{bmatrix},$$

此时，H_1 负定，制造商有唯一均衡最优批发价与最优产品质量价格，联立

$$\begin{cases} \dfrac{\partial \prod_m^R}{\partial w^R} = 0 \\ \dfrac{\partial \prod_m^R}{\partial q^R} = 0 \end{cases}, \quad 求解得到$$

$$w^{R*} = \frac{bc(b(r-s)^2 - 2) + 2b((r-s)(1-\theta) + \theta)\xi_0 - 2}{b(b(r-s)^2 - 4)},$$

$$q^{R*} = \frac{(r-s)(b(c+((r-s)(1-\theta)+\theta)\xi_0)-1)}{b(r-s)^2-4},$$

代入（9.9）式，得到

$$p^{R*} = \frac{b((r-s)^2-((r-s)(1-\theta)+\theta)\xi_0-c)-3}{b(b(r-s)^2-4)}。$$

证毕。

命题 2 证明：根据命题 1 的内容，代入求解得到转售模式下的均衡需

求 $D^{R*} = \dfrac{b(c+((r-s)(1-\theta)+\theta)\xi_0)}{b(r-s)^2-4}$ 与平台和制造商的均衡利润为

$$\prod_e^{R*} = \frac{(1-b(c+((r-s)(1-\theta)+\theta)\xi_0))^2}{(b(r-s)^2-4)^2},$$

$$\prod_m^{R*} = \frac{(b(c+((r-s)(1-)+)\xi_0)-1)^2}{2b(4-b(r-s)^2)}。$$

求一阶偏导

$$\frac{\partial D^{R*}}{\partial\theta} = \frac{b(1-r+s)\xi_0}{b(r-s)^2-4},$$

$$\frac{\partial w^{R*}}{\partial\theta} = \frac{2(1-r+s)\xi_0}{b(r-s)^2-4},$$

$$\frac{\partial q^{R*}}{\partial\theta} = \frac{b(r-s)(1-r+s)\xi_0}{b(r-s)^2-4},$$

$$\frac{\partial p^{R*}}{\partial\theta} = -\frac{(1-r+s)\xi_0}{b(r-s)^2-4},$$

$$\frac{\partial\prod_e^R}{\partial\theta} = \frac{2(1-r+s)\xi_0(b(c+\xi_0((r-s)(1-\theta)+\theta)-1))}{(b(r-s)^2-4)^2},$$

$$\frac{\partial\prod_m^R}{\partial\theta} = -\frac{(1-r+s)\xi_0(b(c+\xi_0((r-s)(1-\theta)+\theta)-1))}{b(r-s)^2-4},$$

由各参数的范围，可以证明命题 2 的结论。

命题 3 证明：在代理模式下制造商需要同时决策产品质量与销售价格，求解得到海塞矩阵

$$H_2 = \begin{bmatrix} \dfrac{\partial^2 \prod_m^M}{\partial p^{M2}} & \dfrac{\partial^2 \prod_m^M}{\partial p^M \partial q^M} \\ \dfrac{\partial^2 \prod_m^M}{\partial q^M \partial p^M} & \dfrac{\partial^2 \prod_m^M}{\partial q^{M2}} \end{bmatrix} = \begin{bmatrix} -2b(1-\lambda) & -b(r-s) \\ -b(r-s) & b(2(1-\lambda) - b(r-s)^2) \end{bmatrix},$$

此时，当且仅当 $0 < b < \dfrac{2(1-\lambda)}{(r-s)^2}$ 时，海塞矩阵为负定，此时存在唯一最优的产品质量与销售价格：

$$q^{M*} = \frac{(r-s)(\lambda - 1 + b(c(1-\lambda) + ((r-s)(1-\theta) + \theta)\xi_0))}{b(r-s)^2 - 2(1-\lambda)},$$

$$p^{M*} = \frac{\lambda - 1 + b((r-s)^2 - c(1-\lambda) - ((r-s)(1-\theta) + \theta)\xi_0)}{b(b(r-s)^2 - 2(1-\lambda))}。$$

证毕。

命题 4 证明：根据命题 3 的内容，代入求解得到代理模式下的均衡需求 $D^{M*} = \dfrac{b(c(1-\lambda) + ((r-s)(1-\theta) + \theta)\xi_0) - (1-\lambda)}{b(r-s)^2 - 2(1-\lambda)}$ 与平台和制造商的均衡利润为

$$\prod_e^{M*} = \frac{1}{(b(r-s)^2 - 2(1-\lambda))^2}(\lambda((1-bc)(1-\lambda - b(r-s)^2) + b((r-s)(1-\theta) + \theta)\xi_0)((1-bc)(1-\lambda) - b((r-s)(1-\theta) + \theta)\xi_0))$$

$$\prod_m^{M*} = \frac{(1 - \lambda - b(c(1-\lambda) + ((r-s)(1-\theta) + \theta)\xi_0))^2}{2b(2(1-\lambda) - b(r-s)^2)}。$$

对 θ 求一阶偏导可得：

$$\frac{\partial D^{M*}}{\partial \theta} = \frac{b(r-s)(1-r+s)\xi_0}{b(r-s)^2 - 2(1-\lambda)},$$

$$\frac{\partial p^{M*}}{\partial \theta} = -\frac{(1-r+s)\xi_0}{b(r-s)^2 - 2(1-\lambda)},$$

$$\frac{\partial q^{M*}}{\partial \theta} = \frac{b(r-s)(1-r+s)\xi_0}{b(r-s)^2 - 2(1-\lambda)},$$

$$\frac{\partial \prod_e^M}{\partial \theta} = -\frac{b(1-r+s)\lambda\xi_0(\lambda - 1 + b(c(1-\lambda) + \xi_0((r-s)(1-\theta) + \theta)))}{(b(r-s)^2 - 2(1-\lambda))^2},$$

$$\frac{\partial \prod_{m}^{M}}{\partial \theta} = -\frac{(1-r+s)\,\xi_0(\lambda - 1 + b(c(1-\lambda) + \xi_0((r-s)(1-\theta) + \theta)))}{b(r-s)^2 - 2(1-\lambda)},$$

在满足条件 $0 < b < \dfrac{2(1-\lambda)}{(r-s)^2}$ 及其他参数的范围下不难证明命题 4 的内容。

命题 5 证明：计算代理模式下均衡需求、质量和价格对 的一阶偏导得到

$$\frac{\partial D^{M*}}{\partial \lambda} = \frac{b(1-bc)(r-s)^2 - 2b\,\xi_0((r+s)(1-\theta) + \theta)}{(b(r-s)^2 - 2(1-\lambda))^2},$$

$$\frac{\partial q^{M*}}{\partial \lambda} = \frac{b(1-bc)(r-s)^3 - 2b\,\xi_0(r-s)((r+s)(1-\theta) + \theta)}{(b(r-s)^2 - 2(1-\lambda))^2},$$

$$\frac{\partial p^{M*}}{\partial \lambda} = \frac{2\,\xi_0((r-s)(1-\theta) + \theta) - (1-bc)(r-s)^2}{(b(r-s)^2 - 2(1-\lambda))^2},$$

在满足条件 $0 < b < \dfrac{2(1-\lambda)}{(r-s)^2}$ 及各参数的基本条件下，不难证出命题 5 的内容。

命题 6 证明：比较转售模式与代理模式下的需求、销售价格和产品质量，计算得到

$$\Delta D^* = D^{M*} - D^{R*}$$
$$= \frac{(1-bc)(2+\lambda(b(r-s)^2-2)) - 2b\,\xi_0\,(1+\lambda)\,((r-s)(1-\theta) + \theta)}{(b(r-s)^2-4)\,(b(r-s)^2-2\,(1-\lambda))},$$

$$\Delta q^* = q^{M*} - q^{R*}$$
$$= \frac{(r-s)\,((1-bc)(2+\lambda(b(r-s)^2-2)) + 2b\,\xi_0\,(1+\lambda)\,((r-s)(1-\theta) + \theta))}{(b(r-s)^2-4)\,(b(r-s)^2-2\,(1-\lambda))},$$

$$\Delta p^* = p^{M*} - p^{R*} = \frac{(bc-1)(2+\lambda(b(r-s)^2-2)) + 2b\,\xi_0\,(1+\lambda)\,((r-s)(1-\theta) + \theta)}{(b(r-s)^2-4)\,(b(r-s)^2-2\,(1-\lambda))}。$$

在满足条件 $0 < b < \dfrac{2(1-)}{(r-s)^2}$ 及其他参数的范围下，分析 $\Delta D^* > 0$，$\Delta q^* > 0$，$\Delta p^* > 0$，命题 6 得证。

命题 7 证明：计算得到 $\dfrac{\partial q^{M*}}{\partial \theta} = \dfrac{b(r-s)(1-r+s)\,\xi_0}{b(r-s)^2 - 2(1-\lambda)}$，$\dfrac{\partial q^{R*}}{\partial \theta} = \dfrac{b(r-s)(1-r+s)\,\xi_0}{b(r-s)^2 - 4}$，作差得到

$$\frac{\partial q^{M*}}{\partial \theta} - \frac{\partial q^{R*}}{\partial \theta} = \frac{-2b(1-(r-s))(r-s)(1+\lambda)\xi_0}{(b(r-s)^2-4)(b(r-s)^2-2(1-\lambda))} < 0。$$

命题 7 得证。

命题 8 证明：计算转售模式与代理模式下消费者剩余与社会福利对 θ 的一阶导，得到

$$\frac{\partial CS^{R*}}{\partial \theta} = \frac{\xi_0(1-r+s)(b((r-s)^2-c-\xi_0((r-s)(1-\theta)+\theta))-3)}{(b(r-s)^2-4)^2},$$

$$\frac{\partial SW^{R*}}{\partial \theta} = \frac{(1-r+s)\xi_0(b(2(r-s)^2-c(b(r-s)^2-5)-(b(r-s)^2-5)((r-s)(1-\theta)+\theta))-9))}{(b(r-s)^2-4)^2},$$

$$\frac{\partial CS^{M*}}{\partial \theta} = \frac{(1-r+s)\xi_0(\lambda-1+b((r-s)^2-c(1-\lambda)))-(r-s)(1-\theta)\theta\xi_0)}{(b(r-s)^2-2(1-\lambda))^2},$$

$$\frac{\partial SW^{M*}}{\partial \theta} = \frac{1}{(b(r-s)^2-2(1-\lambda))^2}((r-s-1)\xi_0(3-5\lambda+2\lambda^2+b^2(r-s)^2$$

$(c+((r-s)(1-\theta)+\theta)\xi_0)+b(-2(r-s)^2+c(\lambda(3-2\lambda)-1)-((r-s)(1-\theta)+\theta)(1-4\lambda)\xi_0)))$

在满足条件 $0 < b < \dfrac{2(1-\lambda)}{(r-s)^2}$ 及其他参数的范围下，命题 8 得证。

10　考虑搭便车行为下线上双渠道供应链采纳虚拟展示厅决策研究

10.1　引言

近年来，随着社会发展与人们消费习惯的转变，在线购物市场保持高速发展的态势。商务部数据显示，2023 年我国网上零售额达到 15.4 万亿元，同比增长 11.0%。其中，实物商品网上零售额 13.0 万亿元，增长 8.4%，占社会消费品零售总额的比重为 27.6%[①]。在线购物已成为消费者最主要的购物方式之一[②]，然而，先线上支付后线下收货的购物过程容易导致消费者在收到产品后发现实物与自己的预期不匹配的问题，从而引起较高的退换货率。零售联合会和退货管理公司 Appriss Retail 研究显示，2022 年，美国零售商因网购退货损失销售额 2 120 亿美元，且相较过去 2 年美国的零售退货率平均增长了 19%，数据显示美国网购退货率是实体店的 3~4 倍[③]。同时，UPS 报告指出，在线购物过程中 27% 的退货问题都是因"产品不匹配"所导致[④]。

为了解决这一问题，实践中一些电商平台开始尝试借助 AR 技术为消费者提供虚拟展示厅服务，该服务能够利用消费者便携电子设备的摄像头

[①]　商务部电子商务和信息化司. 2023 年中国网络零售市场发展报告[EB/OL].（2024-01-31）[2024-01-31]. https://dzswgf.mofcom.gov.cn/ecps/sjcx.html.

[②]　金亮，郑本荣. 电商平台自营渠道引入决策：在线产品评论的价值［J］. 系统工程理论与实践，2023，43（2）：469-487.

[③]　国家邮政局. Appriss Retail 公布网购退货研究结果［EB/OL］.（2023-12-06）[2023-12-06]. https://www.spb.gov.cn/gjyzj/c200007/202312/5c04c7b82b514f79a5b7d0f156eaa968.shtml.

[④]　UPS. 2019 UPS pulse of the online shopper［R］. Technical report, UPS, 2019.

将产品的 3D 模型投射到现实场景中，可以极大地方便消费者感知产品的大小尺寸颜色等信息①②，为消费者提供更真实的购买体验，弥补线上购物过程中"先购买后体验"带来的不足③④，例如京东应用"AR 天工开放平台"、亚马逊开发"Amazon Sumerian"平台为消费者线上购物提供"AR 试鞋""AR 试妆"等服务。通过 AR 技术带来的虚拟展示厅服务，电商平台可以将线上消费的退货率降低 25%⑤。尽管 AR 技术提供的沉浸式购物体验为在线购物提供了重要价值⑥，然而其实际运营过程中仍存在诸多问题有待研究。

　　回顾以往文献，我们发现学者们对虚拟展示厅的研究多为实证研究，且主要从消费者购物体验入手分析虚拟展示厅在线上购物中发挥的作用。如黄（Huang）等⑦认为 AR 技术可以提高网上购物的交互性，马克·伊川·严（YimM Y C）等⑧的研究证明 AR 技术可以增加信息的丰富度和生动性，安妮·罗斯·斯明克（Smink）等⑨则相信 AR 技术在改善个性化体验上可以发挥重要作用。尽管虚拟展示厅服务对改善消费者线上购物体验

①　JAEKEL B. Sephora's virtual artist brings augmented reality to large beauty audience ［J］. Luxury Daily, 2016（2）：11-17.

②　ARCHER S. Snapchat has taken a lead in one of the most disruptive areas of tech ［J］. Business Insider, 2015（1）：24-29.

③　XU X, HONG Z, CHEN Y, et al. When is it wise to use artificial intelligence for platform operations considering consumer returns?　［J］. European Journal of Operational Research, 2023, 308（3）：1188-1205.

④　POUSHNEH A, VASQUEZ-PARRAGA A Z. Discernible impact of augmented reality on retail customer's experience, satisfaction and willingness to buy ［J］. Journal of Retailing and Consumer Services, 2017, 34：229-234.

⑤　DELOITTE DIGITAL, SNAP INC. Snap consumer AR global report 2021［EB/OL］.（2021-07-07）［2021-07-07］. https://www. readkong. com/page/snap-consumer-ar-saudi-arabia-report-2021-deloitte-1880641.

⑥　PAPAGIANNIS H. How AR is redefining retail in the pandemic ［EB/OL］. Harvard Business Review, 2020, 07.

⑦　HUANG T L, LIAO S L. Creating e-shopping multisensory flow experience through augmented-reality interactive technology ［J］. Internet Research, 2017, 27（2）：449-475.

⑧　YIM M Y C, CHU S C, SAUER P L. Is augmented reality technology an effective tool for e-commerce? An interactivity and vividness perspective ［J］. Journal of interactive marketing, 2017, 39（1）：89-103.

⑨　SMINK A R, VAN REIJMERSDAL E A, VAN NOORT G, et al. Shopping in augmented reality：The effects of spatial presence, personalization and intrusiveness on app and brand responses ［J］. Journal of Business Research, 2020, 118：474-485.

可以发挥重要作用但同时一些学者的研究也表达了隐私威胁①，响应缓慢②、产品图像质量差③和消费者接受率低④等技术限制可能打击消费者使用该服务意愿的隐忧。此外，马（Ma）等⑤通过构建双寡头竞争模型探讨了平台通过开通虚拟展示厅来消除产品匹配不确定性的策略，发现引入虚拟展厅能否使平台受益主要取决于开通成本，如果平台能够确定虚拟展厅所披露产品信息的准确性，那么建立虚拟展厅总是有益的。加利诺和莫雷诺（Gallino and Moreno）⑥则进行了一项随机现场实验，认为虚拟试衣间可以提供有关产品如何匹配特定客户的信息。与本书较为相似的是张（Zhang）等的研究，他们建立了博弈论模型来研究平台和第三方卖家在虚拟展厅布局中的战略互动，并且发现该服务的开发成本会影响平台开发虚拟展厅的均衡策略；而产品特性则决定了第三方卖家应用虚拟展厅的均衡策略。尽管张（Zhang）等⑦的研究解释了由电商平台和第三方卖家构成的线上供应链在应用虚拟展示厅时的博弈关系，但却没有考虑线上双渠道供应链在应用虚拟展示厅时的情形。当一个制造商通过自己的线上直销渠道与电商平台的线上分销渠道同时向消费者销售产品时，两种渠道并存，将会出现搭便车的问题⑧。例如，顾客线上购买衣服时，可能会先去已开通虚拟展示厅的电商平台处了解衣服的穿着效果，然后转向售价更低的制造商直销渠道购买。此种情形下，电商平台付出的努力（包括虚拟展示厅的

---

① RAUSCHNABEL P A, HE J, RO Y K. Antecedents to the adoption of augmented reality smart glasses: A closer look at privacy risks [J]. Journal of Business Research, 2018, 92: 374-384.

② GOODE M, MAIN K. Introduction to the Special Issue-The Brave New World: How shopping and consumption is evolving with technology [J]. Canadian Journal of Administrative Sciences/Revue Canadienne des Sciences de l'Administration, 2020, 37 (1): 5-8.

③ YIM M Y C, CHU S C, SAUER P L. Is augmented reality technology an effective tool for e-commerce? An interactivity and vividness perspective [J]. Journal of interactive marketing, 2017, 39 (1): 89-103.

④ RAUSCHNABEL P A. Augmented reality is eating the real-world! The substitution of physical products by holograms [J]. International Journal of Information Management, 2021, 57: 102279.

⑤ MA Y, ZHANG C, LI Y. Strategies for the retail platform to counteract match uncertainty: Virtual showroom and return or exchange policy [J]. Computers & Industrial Engineering, 2023, 176: 108832.

⑥ GALLINO S, MORENO A. The value of fit information in online retail: Evidence from a randomized field experiment [J]. Manufacturing & Service Operations Management, 2018, 20 (4): 767-787.

⑦ ZHANG T, LI G, TAYI G K. A strategic analysis of virtual showrooms deployment in online retail platforms [J]. Omega, 2023, 117: 102824.

⑧ 李建斌，朱梦萍，戴宾. 双向搭便车时双渠道供应链定价与销售努力决策 [J]. 系统工程理论与实践，2016, 36 (12): 3046-3058.

开发与维护成本等）并没有将所有的线上流量转化为实际订单，反而让其竞争者制造商搭了便车。

实际上以往文献已有对多渠道供应链中搭便车现象的研究。周建亨、赵瑞娟[①]关注了双渠道供应链成员在两种"搭便车"效应下的信息披露决策和定价决策，发现考虑搭便车时，零售商只有在产品质量处于一定区间且批发价足够低时才会披露质量信息。梅赫拉斯（Mehras）等[②]人探讨了线上和线下卖家之间的信息外部性。在研究了"在线浏览"如何与"展示厅"互动之后，他发现，当"网页浏览"解决了部分匹配的不确定性时，通过吸引更多的消费者参与对线下和在线卖家都有利。王玉燕等[③]研究了由制造商线上直销和线下零售商分销组成的双渠道供应链模式中，搭便车行为对最优定价与服务决策的影响。高和苏（Gao & Su）[④]调查了零售商如何有效地向消费者提供线上和线下信息，并发现引入虚拟陈列室可能会增加在线退货并损害利润。

然而上述研究考虑的均是线上与线下双渠道供应链结构中的消费者搭便车行为，在虚拟展示厅这一新技术得到应用后，其只服务于在线消费者的特性势必导致在线双渠道供应链中的搭便车现象，而该现象的出现将如何影响供应链成员的定价与服务决策仍有待探究。为弥补这一空白，本书以一个由制造商在线直销渠道与在线零售商分销渠道构成的线上双渠道供应链为研究框架。首先考察了在线零售商开通虚拟展示厅、制造商未开通虚拟展示厅下的消费者搭便车行为对供应链成员定价决策的影响，然后探究了在线零售商通过价格匹配策略以应对搭便车带来的消极影响的做法。最后，对模型进行拓展，比较了制造商开通虚拟展示厅的服务决策对供应链成员利润的影响。

---

① 周建亨，赵瑞娟. 搭便车效应影响下双渠道供应链信息披露策略 [J]. 系统工程理论与实践，2016，36（11）：2839-2852.

② MEHRA A, KUMAR S, RAJU J S. Competitive strategies for brick-and-mortar stores to counter "showrooming" [J]. Management Science, 2018, 64（7）：3076-3090.

③ 王玉燕，高俊宏，孙煜林等. 基于搭便车引发需求转移和质量感知的双渠道供应链服务与定价研究[J/OL]. 中国管理科学：（2024-01-12）[2024-03-03]. https://doi.org/10.16381/j.cnki. issn1003-207x.2023.1080.

④ GAO F, SU X. Online and offline information for omnichannel retailing [J]. Manufacturing & Service Operations Management, 2017, 19（1）：84-98.

10.2　问题描述与假设

本章考虑一个由制造商(m)、在线零售商(e)与一群线上消费者构成的在线双渠道供应链,其模型结构如图 10.1 所示。制造商生产产品并通过在线直销渠道(如官方网站、客户端 APP 等)销售给消费者,同时也将产品以价格 w 批发给在线零售商进行分销。由于在线购物过程中,消费者先购买后收货易引起产品实体与消费者期望不匹配的问题,间接导致了较高的退换货概率。为了提高消费者在线购物过程中对产品信息的感知,制造商与在线零售商可以选择是否开通了虚拟展示厅服务。该服务可以通过消费者的便携电子设备将产品的 3D 模型投射到现实使用场景,从而提高消费者对产品的感知,减少因不匹配而引起的退换货行为。假设虚拟展示厅服务的单位运营成本为 t,即使用该服务在线消费者越多,商家运营维护该服务的成本越大。为便于讨论,仅考虑在线购物中因不匹配而引起的退货,因此当商家开通虚拟展示厅服务后,产品的退货率为 0。

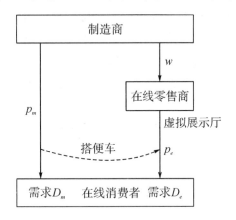

图 10.1　线上双渠道供应链模型

在退换货过程中,分别令消费者退换货的麻烦成本为 m,制造商处理退换货的运营成本为 t。鉴于实践中商家购买并免费向消费者提供退货运费险服务,因此假设 $t > m$。由于分销渠道销售价格 p_e 高于直销渠道价格 p_m,为增强市场竞争力,相较于制造商与品牌商,在线零售商以及电商平台如淘宝、京东等往往更有动力去开通虚拟展示厅服务。本章假设在线零售商已经开通了虚拟展示厅服务，制造商面临是否跟进在线零售商开通该服务的选择。当制造商开通虚拟展示厅服务时，需要承担虚拟展示厅的运营成本。当制造商选择不开通时，市场中会有一部分消费者选择搭便车：即在零售商处体验虚拟展示厅服务，然后在制造商处以更低的价格购买产品，在线零售商考虑到消费者搭便车行为需要决策是否采用价格匹配策略①进行反制，即要求制造商在其直销渠道保持相近的销售价格从而打击市场中的搭便车需求。决策顺序及均衡情境如图 10.2 所示。

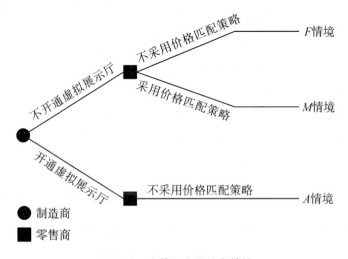

图 10.2　决策顺序及均衡情境

　　基于一种非标准化 Hotelling 模型来分析在线市场中消费者类型以及需求，假设所有在线消费者均匀分布在 0 到 1 的单位线上，制造商与在线零售商分别位于 Hotelling 单位线长 $1-a$ 处与 a 处。结合消费者在单位线长上的坐标可以表示市场中不同类型消费者在各自选择的渠道在线购物的搜索成本。因此，选择在线零售商渠道购买产品的消费者效用为

$$U_e = v - p_e - k|a - x|,$$

选择在制造商渠道购买产品的消费者效用为

$$U_m = v - p_m - k|x - (1 - a)| - m\xi，$$搭便车消费者效用为

$$U_f = v - p_m - k|x - a| - t|1 - a - x|。$$

其中 k 为负效用率，不失一般性下，令 $k = 1$。其他相关参数符号及含义见

————————
　　①　JIANG J, KUMAR N, RATCHFORD B T. Price-matching guarantees with endogenous consumer search [J]. Management Science, 2017, 63 (10)：3489-3513.

表 10.1。

表 10.1　模型参数符号及含义

符号	含义
i	$i \in \{m, e\}$，m 为制造商，e 为在线零售商
D_i	i 的市场需求
π_i	i 的利润
v	产品匹配时的估值
p_i	i 渠道产品销售价格，$p_e > p_m$
w	产品批发价格
a	消费者的搜索成本
m	消费者退换货麻烦成本
t	制造商处理退货运营成本
ξ	产品不匹配并退换货的概率，$\xi \in (0, 1)$
u	虚拟展示厅单位运营成本

在 Hotelling 单位线长上，当不考虑消费者搭便车行为时会存在 x_1，x_2，x_3 三个无差异点，当考虑消费者搭便车行为时存在 x_1，x_2，x_3，x_4 四个无差异点①。以考虑搭便车情形为例，此时市场中存在不购买产品、在零售商处购买产品、搭便车与在制造商处购买产品这四类消费者，可求得无差异点 $x_1 = a - v + p_e$，$x_2 = 1 - a - p_e + p_m$，$x_3 = 1 - a - p_e + p_m$，$x_4 = 1 + v - a - p_m - m$。见图 10.3。由此得到零售商渠道、搭便车与制造商渠道三类需求如下所示：

$$D_e = x_2 - x_1 = 1 + v - 2(a + p_e) + p_m \tag{10.1}$$

$$D_f = x_3 - x_2 = p_e - p_m - (1 - a) + \frac{a(2 - m\xi) - (1 - m\xi)}{m\xi} \tag{10.2}$$

$$D_m = x_4 - x_3 = 1 + v - a - p_m - m\xi - \frac{a(2 - m\xi) - (1 - m\xi)}{m\xi} \tag{10.3}$$

---

① Desai P S, Krishnamoorthy A, Sainam P. "Call for Prices"：Strategic implications of raising consumers' costs [J]. Marketing Science, 2010, 29 (1)：158-174.

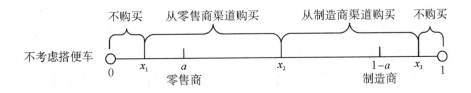

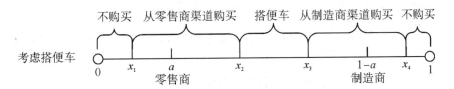

图 10.3 双渠道 Hotelling 模型消费者效用无差异点

为保证需求非负，提出以下假设：

（1）$v - p_e \geqslant 0$，即在线零售商最忠实的消费者（位于 a 位置）购买该产品获得非负的效应，也保证了 $x_1 \leqslant a$；

（2）$p_e - p_m \leqslant 1 - 2a$，即两渠道之间的价格差异不低于偏好低价的消费者的最大负效用，同时也保证了 $x_3 \geqslant x_2 \geqslant a$；

（3）$1 - 2a \geqslant m\xi$，即制造商最忠实的消费者（位于 $1 - a$ 位置）选择搭便车得不偿失，同时也保证了 $x_3 \leqslant 1 - a$；

（4）$v - p_m - m\xi \geqslant 0$，即制造商最忠实的消费者（位于 $1 - a$ 位置）购买该产品获得非负的效应，也保证了 $x_4 \geqslant 1 - a$。

10.3 模型构建与分析

10.3.1 不考虑消费者搭便车行为

为了对比分析消费者搭便车行为对商家定价与服务决策的影响，本书先不考虑消费者搭便车情形构建基础模型，在该模型下在线零售商开通了虚拟展示厅服务而制造商未开通，并且假设在制造商渠道购买产品的消费者并不知道在线零售渠道的虚拟展示厅服务，因此不存在搭便车行为。根据渠道结构、制造商与在线零售商的供销关系以及在线需求，制造商与零售商的利润分别如式（10.4）、式（10.5）所示。

$$\pi_m^B(w, p_m) = p_m D_m + w D_e - t\xi D_m \tag{10.4}$$

$$\pi_e^B(p_e) = (p_e - w) D_e - u D_e \qquad (10.5)$$

其中，（10.4）式 $p_m D_m$ 是制造商直销渠道销售收入、$w D_e$ 是批发收入、$t D_m$ 为处理消费者退换货的成本，（10.5）式 $(p_e - w) D_e$ 为在线零售商销售利润，$u D_e$ 为虚拟展示厅的运营成本。由于制造商在博弈关系中占主导地位，在其决策批发价之后，零售商再与其一起决策各自的销售价格。采用逆向归纳法，求解得到制造商与零售商的均衡解为

$$w^{B*} = \frac{1}{876}(217(1 - 2a) - 432u + 434v - 2\xi(t + m)) \qquad (10.6)$$

$$p_e^{B*} = \frac{1}{876}(293(1 - 2a) + 216u + 586v + 74\xi(t + m)) \qquad (10.7)$$

$$p_m^{B*} = \frac{1}{292}(77(1 - 2a) - 12u + 154v + \xi(150t - 142m)) \qquad (10.8)$$

在均衡解下，制造商与在线零售商利润为

$$\pi_e^{B*} = \frac{361(1 - 2a - 3u + 2v + \xi(m + t))^2}{31974} \qquad (10.9)$$

$$\pi_m^{B*} = \frac{1}{876}(364a^2 + 162u^2 + 91(1 + 2v)^2 - 256(m + t)(1 + 2v)\xi + 310$$

$$(m + t)^2 \xi^2 - 108u(1 + 2v + \xi(m + t)) + 4a(54u - 91(1 + 2v) + 128(m +$$

$$t)\xi)) \qquad (10.10)$$

10.3.2 在线零售商不采用价格匹配策略

本节将考虑加入消费者搭便车行为时的情形。在生活中，由于信息对称，消费者可以观察到不同渠道的服务差异，这也为本节的研究提供了实践基础。在考虑消费者搭便车行为时，制造商与零售商的利润分别如式（10.11）、式（10.12）所示。

$$\pi_m^F(w, p_m) = p_m(D_m + D_f) + w D_e - t\xi D_m \qquad (10.11)$$

$$\pi_e^F(p_e) = (p_e - w) D_e - u(D_e + D_f) \qquad (10.12)$$

其中，制造商的直销渠道利润来源既包括在该渠道浏览并购买产品的消费者，也包括搭便车的消费者。而搭便车消费者在零售商渠道体验虚拟展示厅服务反而会增加零售商的运营成本，此时在线零售商的利润组成包括销售净收入和虚拟展示厅的运营成本。采用逆向归纳法，求解得到制造商与零售商的均衡决策如下：

$$w^{F*} = \frac{1}{132}(43(1 - 2a) - 32u + 65v + 22\xi(t - m)) \qquad (10.13)$$

$$p_e^{F*} = \frac{1}{132}(61(1 - 2a) + 16u + 83v + 22\xi(t - m)) \qquad (10.14)$$

$$p_m^{F*} = \frac{1}{66}(13(1 - 2a) - 2u + 35v + 22\xi(t - m)) \qquad (10.15)$$

推论 10.1 由均衡结果得到消费者搭便车情境下的各需求如下:

$$D_e^{F*} = \frac{3}{11}(1 - 2a - u + v),$$

$$D_f^{F*} = \frac{22m^2\xi^2 + a(264 - 70m\xi) + m\xi(35 + 20u + 13v - 22t\xi) - 132}{132m\xi}$$

$$D_m^{F*} = \frac{66 - 44m^2\xi^2 - 2a(66 - 13m\xi) - m\xi(13 - 2u - 31v + 22t\xi)}{66m\xi}$$

由推论 10.1 可以发现,当考虑消费者搭便车时,在线零售商渠道的需求将与消费者退换货概率大小无关,此时消费者可以选择在零售商处体验虚拟展示厅并去价格更低廉的制造商渠道购买,只有对在线零售商渠道最忠诚的一部分消费者才会选择在在线零售商处购买产品。而观察搭便车行为引起的流失的这部分消费者,他们或者选择在退换货概率不高时直接在制造商处购买,或者在退换货概率较高时先在零售商处体验虚拟展示厅服务然后再去制造商处购买。以上,可以看出存在搭便车情况下,在线零售商的需求必然会受到打击。

命题 10.1 当 $\xi < \sqrt{\dfrac{6(1 - 2a)}{m(t - m)}}$ 时,在线零售商利润是关于消费者退换货概率的减函数,即 $\dfrac{\partial_e^{F*}}{\partial\xi} < 0$,反之为增函数,即 $\dfrac{\partial\pi_e^{F*}}{\partial\xi} > 0$;同时当 $\xi < \dfrac{3v(m + t) - (1 - 2a)(t - m)}{2m^2 + 8mt + 2t^2}$ 时,制造商利润是关于消费者退换货概率的减函数,即 $\dfrac{\partial\pi_m^{F*}}{\partial\xi} < 0$,反之为增函数,即 $\dfrac{\partial\pi_m^{F*}}{\partial\xi} > 0$。

命题 10.1 表明当考虑消费者搭便车行为时,制造商与在线零售商的利润与消费者退换货概率之间的关系不再是一正一负,而是呈现出相同的趋势,即当退换货概率较低时,利润随着退换货概率的增大而减小,当退换货概率较高时,随着退换货概率的增大而增大。出现这一现象的原因在于，当消费者可以选择搭便车之后，产品退换货概率的高低将会直接影响在线零售商的定价，较高的退换货概率下在线零售商的虚拟展示厅服务越具有价值，因此在线零售商会定一个较高的价格，并随着退换货概率的增大而提高利润。此时制造商与在线零售商利益一致，只有在退换货概率较大时其佣金收入以及直销收入才会更高。这一命题带来的管理启示是：消费者搭便车行为将会促进制造商与在线零售商的利益一致性，即在对待消费者退换货问题上，一荣俱荣，一损俱损。然而消费者搭便车的行为是否会因侵蚀了在线零售商的市场份额而损害在线零售商的利益，这将在命题3中进行阐释。

命题 10.2 消费者搭便车情境下在线零售商最优利润低于无搭便车情形，即 $\pi_e^{F*} < \pi_e^{B*}$。

由命题 10.2 可以得知，消费者搭便车行为会损害在线零售商的利润。在此种情形下，虽然在线零售商得利于虚拟展示厅服务，可以减少因消费者退换货导致的成本，但因为承担了虚拟展示厅服务的运营成本而没有获得足够的消费，消费者在此购买产品仍然会打击到在线零售商的利润。

接下来，本章将讨论在线零售商选择价格匹配策略以应对消费者搭便车行为的情形。

10.3.3　在线零售商采用价格匹配策略

价格匹配策略作为一种可以有效消除消费者搭便车行为的措施，被普遍应用在多渠道运营管理中[①]。本节考虑在线零售商采用价格匹配策略以应对消费者搭便车行为对自身利益的损害。此时，制造商确定批发价后，在线零售商决策销售价格并要求制造商匹配它的售价，考虑到制造商直销渠道的盈利因素以及在线零售商在签订批发订单合同时可以限制制造商在其他渠道的销售价格下限的做法，因此在线零售商实践中保有通过谈判约束制造商直销渠道销售价格的权力。在这个情形下，制造商与零售商的利润如下：

$$\prod_m^M(w,\ p_e) = p_e D_m + w D_e - t\xi D_m \tag{10.16}$$

$$\pi_e^M(p_e) = (p_e - w) D_e - u D_e \tag{10.17}$$

---

① SHANG W, CAI G. Implications of price matching in supply chain negotiation [J]. Manufacturing & Service Operations Management, 2022, 24 (2)：1074-1090.

采用逆向归纳法，得到制造商与零售商的均衡决策

$$w^{M*} = \frac{1}{6}(1 - 2a - 4u + 2v + \xi(2t - 3m)) \quad (10.18)$$

$$p_e^{M*} = \frac{1}{6}(2(1 - 2a) + u + 4v + t\xi) \quad (10.19)$$

在均衡解下，制造商与在线零售商利润为

$$\pi_m^{M*} = \frac{1}{12}((1 - 2a - u + 2v)^2 +$$

$$2(6am - t(1 - 2a - u + 2v))\xi + \xi^2(t^2 + 18mt - 3m^2)) \quad (10.20)$$

$$\pi_e^{M*} = \frac{1}{36}(1 - 2a - u + 2v + 3m\xi - t\xi)^2 \quad (10.21)$$

此时，观察制造商定价决策的变化，得到以下命题 10.3 的内容。

命题 10.3 存在 $1 - 2a < \frac{1}{17}(6u + 5v + 22m\xi)$ 时，在线零售商应用价格匹配策略下会提高售价，即 $p_e^{M*} > p_e^{F*}$，反之则降低售价，即 $p_e^{M*} < p_e^{F*}$。

命题 10.3 中 $1 - 2a$ 表示霍特林模型上制造商与在线零售商之间的距离，$1 - 2a$ 越小则此时两个渠道的市场份额重叠程度较高，可以理解为二者之间的竞争强度越大。研究发现，在线零售商在价格匹配策略下的定价会受到渠道竞争强度大小的影响。只有当竞争强度大于一定程度时，零售商才会选择提高售价，此时通过因为价格匹配策略约束了制造商搭便车的可能，因此定一个较高的销售售价既可以凸显自己相比制造商渠道提供虚拟展示厅服务的服务优势又可以获取更高的利润，而在竞争强度较小时，零售商反而会选择降低销售价格扩大需求从而扩大收益。由于利润表达式过于复杂，价格匹配策略对制造商与在线零售利润的影响将在下面进行探讨。

10.3.4 制造商开通虚拟展示厅

当退换货运营成本较大时，虚拟展示厅服务的价值就会得到凸显。制造商若想减少退换货运营成本的压力也可以通过开通虚拟展示厅服务为直销渠道的消费者服务，实践中也有制造商积极尝试通过虚拟展示厅服务提高在线销售业绩表现的案例，例如宜家开发了 3D 展示厅向线上消费者展现家具实景布局与产品细节。当制造商也选择开通虚拟展示厅时，线上消费者无需搭便车即可在两个渠道体验到相同的服务，此时，制造商与零售商的利润如下：

$$\pi_m^A(w, \ p_m) = p_m D_m + w D_e - u D_m \tag{10.22}$$

$$\pi_e^A(p_e) = (p_e - w) D_e - u D_e \tag{10.23}$$

采用逆向归纳法，求解得到制造商与零售商的均衡决策。

$$w^{A*} = \frac{217}{876}(1 - 2a + 2(v - u)), \tag{10.24}$$

$$p_e^{A*} = \frac{293(1 - 2a) + 290u + 586v}{876} \tag{10.25}$$

$$p_m^{A*} = \frac{1}{292}(77(1 - 2a) + 138u + 154v) \tag{10.26}$$

在均衡解下，制造商与在线零售商利润为

$$\pi_m^{A*} = \frac{91\,(1 - 2a - 2u + 2v)^2}{876} \tag{10.27}$$

$$\pi_e^{A*} = \frac{361\,(1 - 2a - 2u + 2v)^2}{31\,974} \tag{10.28}$$

将以上均衡情境与 10.3.3 节中的均衡情境对比，分析制造商也提供虚拟展示厅服务时对需求的影响，见命题 10.4。

命题 10.4 当 $1 - 2a > \dfrac{1}{46}(165u - 92v - \xi(657m - 73t))$ 时，制造商开通虚拟展示厅服务将获得更高的需求，即 $D_m^{A*} > D_m^{M*}$，反之，则 $D_m^{A*} < D_m^{M*}$。同时，当 $1 - 2a > \dfrac{1}{16}(\xi(73t - 219m) - 41u - 32v)$ 时，制造商开通虚拟展示厅服务将使在线零售商需求减少，即 $D_e^{A*} < D_e^{M*}$，反之，则 $D_e^{A*} > D_e^{M*}$。最后，当 $1 - 2a > \dfrac{1}{15}(103u - 30v - \xi(219m + 73t))$ 时，制造商开通虚拟展示厅服务将扩大整个市场需求，反之则减少。

命题 10.4 表明只有在竞争强度较小的情况下，制造商开通虚拟展示厅才能一边挤占掉在线零售商的市场份额一边扩大自己的市场，而在竞争强度较高时，制造商开通虚拟展示厅不能通过扩大需求来扩大收益。同时当竞争强度足够小时，制造商也选择开通虚拟展示厅将有助于扩大整个市场需求，然而这对先开通虚拟展示厅的在线零售商而言将未必是一件好事，因为随着制造商也开通虚拟展示厅，他将失去竞争优势进而失去一部分的市场份额。针对制造商开通虚拟展示厅将如何影响供应链成员利润的问题将在下一节作详细的阐述。

10.4 数值算例

通过以上四个模型的构建与对比分析，能够得出在线双渠道供应链在面对消费者搭便车行为时开通虚拟展示厅的一些结论与管理启示，然而针对后面两个情境中在线零售商使用价格匹配策略与制造商开通虚拟展示厅服务将如何影响供应链成员利润仍有待进一步的分析。由于计算无法得出解析解，因此参考以往文献的做法[1][2]，采用数值算例的方式进行分析。首先，探讨在线零售商使用价格匹配策略对供应链成员利润的影响，将 M 模型与 F 模型的均衡结果进行对比，令 $\Delta\pi_e^{M-F} = \pi_e^{M*} - \pi_e^{F*}$，$\Delta\pi_m^{M-F} = \pi_m^{M*} - \pi_m^{F*}$。参考实践情况与假设条件，令 $u=0.5$，$v=1$，$m=0.2$，$t=0.6$，同时为增强数值分析的鲁棒性，分别令 $=0.1$，$=0.3$，$=0.5$ 以讨论不同退换货概率下的情形，绘制制造商与在线零售商利润差与搜索成本的函数图像，如图 10.4 所示。

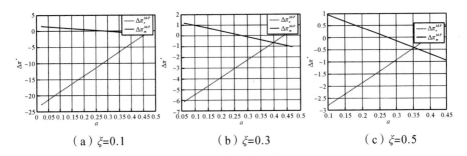

（a）$\xi=0.1$　　　　（b）$\xi=0.3$　　　　（c）$\xi=0.5$

图 10.4　$M-F$ 模型供应链成员利润差与搜索成本 a 的关系

从图 10.4 可以看出在线零售商只有在渠道竞争强度较小时（即 $1-2a$ 较大，a 较小的情形）应用价格匹配策略才更有利，而在竞争强度较大时，应用价格匹配策略则会因为过高的销售价格而打击需求从而损害自身收益。这带来的管理启示是：在实践中，先行应用虚拟展示厅的在线零售商若想通过价格匹配策略来消除消费者搭便车的行为，那么他最好选择在

① 胡劲松，纪雅杰，马德青. 基于消费者效用的电商供应链企业的产品质量和服务策略研究 [J]. 系统工程理论与实践，2020，40（10）：2602-2616.
② 孙自来，王旭坪，詹红鑫等. 考虑顾客新旧产品偏好的制造商多产品线上渠道运营策略选择 [J]. 系统工程理论与实践，2021，41（8）：2076-2089.

与制造商竞争强度不大时应用，否则将会得不偿失。同时我们发现尽管价格匹配策略会降低制造商的最优利润，但是降低效果并不明显。

观察不同退换货概率下的情形，我们发现由于在线零售商应用了虚拟展示厅，其最优利润受退换货概率的影响程度明显要小于制造商，并且两种情境下在线零售商利润差随退货率的提高而轻微降低。这启迪了在线零售商在与制造商合作过程中也需着重考察产品退换货率的情况，并在低退货率下应用价格匹配策略更加合理。

然后，探讨制造商开通虚拟展示厅服务对供应链成员利润的影响，将 A 模型与 M 模型的均衡结果进行对比，令 $\Delta\pi_e^{A-M} = \pi_e^{A*} - \pi_e^{M*}$，$\Delta\pi_m^{A-M} = \pi_m^{A*} - \pi_m^{M*}$。参数设置与同上，分别令 $\xi = 0.1$，$\xi = 0.3$，$\xi = 0.5$ 以讨论不同退换货概率下的情形，绘制制造商与在线零售商利润差与搜索成本的函数图像，如图 10.5 所示。

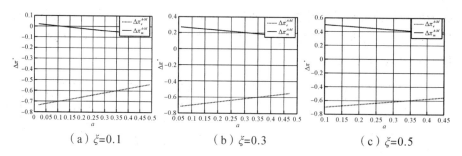

（a）$\xi=0.1$　　　　（b）$\xi=0.3$　　　　（c）$\xi=0.5$

图 10.5　$A - M$ 模型供应链成员利润差与搜索成本 a 的关系

从图 10.5 可以看出，当退换货率较低时，制造商不宜开通虚拟展示厅，而在退换货概率适中或者较大时，制造商应积极开通虚拟展示厅。可见，当产品的退换货概率较大时制造商应当放弃消费者搭便车行为给自己带来的效益，此时制造商应积极尝试提供虚拟展示厅服务以帮助消费者更好地了解产品信息进而降低退换货概率，减轻退换货运营成本，从而提高利润。从在线零售商的利润变化来看，无论是低退换货概率情况还是高退换货概率情况，制造商开通虚拟展示厅对在线零售商的利润影响都不大。此外，随着市场竞争强度的减弱，制造商开通虚拟展示厅的收益会随之降低，说明制造商在决策是否开通虚拟展示厅服务时不仅需要考量产品退换货概率的情况，还要综合考虑渠道竞争强度的因素。

10.5 结束语

本章从消费者搭便车行为出发研究了在线双渠道供应链在应用虚拟展示厅服务时的定价与服务决策，构建了不考虑消费者搭便车行为、考虑消费者搭便车行为、平台匹配定价策略和制造商开通虚拟展示厅这四类情境下在线零售商与制造商的利润模型。研究发现，消费者搭便车行为会损害在线零售商的利润，为此，在线零售商可以通过应用价格匹配策略来消除消费者搭便车行为对自己利益的损害。但是需要注意的是，价格匹配策略的应用只有在渠道竞争强度较低时才有效，否则制造商会通过抬高批发价格的方式迫使在线零售商放弃价格匹配策略，从而继续享受消费者搭便车行为为自己带来的收益。此外，我们还发现，当产品退换货概率较大、渠道竞争强度较大的情况下，制造商也将有足够动力去开通虚拟展示厅服务。本书研究结果可以为在线零售商与制造商对虚拟展示厅的服务运营决策提供一定的参考价值。

需要指出的是本章在相关假设上较为严苛，在结论的推导上过于依赖数值算例。未来进一步的研究可以考虑更简便直观的需求刻画方式，并且可以拓展到退换货的多种因素，如产品质量等进行研究。

本章附录

10.3.1 证明：采用逆向归纳法，首先对制造商与在线零售商利润函数求二阶偏导可得 $\frac{\partial^2 \Pi_m^B}{\partial p_m^{B2}} = -3 < 0$，$\frac{\partial^2 \Pi_e^B}{\partial p_e^{B2}} = -3 < 0$，因此制造商与在线零售商的利润关于售价的函数为严格凹。对 p_m^B，p_e^B 求一阶导可得：

$$\frac{\partial \Pi_m^B}{\partial p_m^B} = \frac{1}{2}(1 - 2a + p_e - 6p_m + 2v + w + 3\xi(t - m)) \qquad (1)$$

$$\frac{\partial \Pi_e^B}{\partial p_e^B} = \frac{1}{2}(1 - 2a - 6p_e + p_m + 3u + 2v + 3w + m\xi) \qquad (2)$$

联立（1）式、（2）式，求解得到

$$p_{m(w)}^B = \frac{1}{35}(7(1 - 2a) + 3u + 14v + 9w + \xi(18t - 17m)) \qquad (3)$$

$$p_{e(w)}^{B} = \frac{1}{35}(7(1-2a) + 18u + 14v + 9w + 3\xi(t+m)) \tag{4}$$

继续求解二阶偏导可得 $\frac{\partial^2 \Pi_m^B}{\partial w^B} = -\frac{1\,752}{1\,225} < 0$，因此制造商利润函数关于批发价为严格凹。对 w 求一阶导可得：

$$\frac{\partial \Pi_m^B}{\partial w^B} = -\frac{2(-217 + 434a + 432u - 434v + 876w + 2\xi(m+t))}{1\,225} \tag{5}$$

求解（5）式得到 $w^{B*} = \frac{1}{876}(217(1-2a) - 432u + 434v - 2\xi(t+m))$，代入（3）式和（4）式，得到 p_m^{B*}，p_e^{B*}，代入制造商与在线零售商的利润表达式，得到 Π_m^{B*}，Π_e^{B*}。

推论 1 的证明：在考虑消费者搭便车的模型下，依据霍特林模型可以得到

$$D_e^F = x_2 - x_1 = 1 + v - 2(a + p_e^F) + p_m^F \tag{6}$$

$$D_f^F = x_3 - x_2 = p_e^F - p_m^F - (1-a) + \frac{a(2-m\xi) - (1-m\xi)}{m\xi} \tag{7}$$

$$D_m^F = x_4 - x_3 = 1 + v - a - p_m^F - m - \frac{a(2-m) - (1-m)}{m} \tag{8}$$

首先求二阶偏导可得 $\frac{\partial^2 \Pi_m^F}{\partial p_m^{F2}} = -4 < 0$，$\frac{\partial^2 \Pi_e^F}{\partial p_e^{F2}} = -4 < 0$，因此制造商与在线零售商的利润关于售价的函数为严格凹。对 p_m^F，p_e^F 求一阶导可得：

$$\frac{\partial \Pi_m^F}{\partial p_m^F} = p_e - 4p_m + v + p_e - \xi(m+t) \tag{9}$$

$$\frac{\partial \Pi_e^F}{\partial p_e^F} = 1 - 2a - p_e + p_m + u + v + 2w \tag{10}$$

联立（9）式、（10）式，求解得到

$$p_{m(w)}^F = \frac{1}{15}(1 - 2a + u + 5v + 6w + 4\xi(t-m)) \tag{11}$$

$$p_{e(w)}^F = \frac{1}{15}(4(1-2a) + 4u + 5v + 9w + \xi(t-m)) \tag{12}$$

继续求解二阶偏导可得 $\frac{\partial^2 \Pi_m^F}{\partial w^F} = -\frac{44}{25} < 0$，因此制造商利润函数关于批发价为严格凹。对 w 求一阶导可得：

$$\frac{\partial \Pi_m^F}{\partial w^F} = \frac{43(1-2a) - 32u + 65v - 132w - 22\xi(m+t)}{75} \quad (13)$$

求解（13）式得到 $w^{F*} = \frac{1}{132}(43(1-2a) - 32u + 65v + 22\xi(t-m))$，代入（11）式和（12）式，得到 p_m^{F*}，p_e^{F*}，再代入（6）-（8）式，推论 1 得证。

命题 1 的证明：由推论 1 的证明可以得到 Π_e^{F*}，Π_m^{F*} 的表达式，分别求解对退换货率 的一阶偏导得到

$$\frac{\partial \Pi_m^{F*}}{\partial \xi} = \frac{1}{6}(2\xi m^2 + t(1 - 2a - 3v + 2t\xi) - m(102a + 3v - 8t\xi)) \quad (14)$$

$$\frac{\partial \Pi_e^{F*}}{\partial \xi} = \frac{u(m\xi^2(t-m) - 6(1-2a))}{6m\xi^2} \quad (15)$$

从（14）式、（15）式不难得出命题 1 的结论。

命题 2 的证明：结合 B 模型与 F 模型的均衡结果，可以得到

$$\Delta\pi_e^{F-B} = \Pi_e^{F*} - \Pi_e^{B*} = -\frac{361(1 - 2a - 3u + 2v + \xi(m+t))^2}{31974} +$$

$$\frac{1}{1452}(32m\xi u^2 + 54m\xi(1 - 2a + v)^2 + u(1452 + 2a(691m\xi - 1452) - m\xi(691 + 449v - 242\xi(t-m)))) \quad (16)$$

求二阶导得到 $\frac{\partial^2\Delta\pi_e^{F-B}}{\partial a^2} > 0$，所以为严格凸函数，求解 $\frac{\partial\Delta\pi_e^{F-B}}{\partial a} = 0$，得到解 a_1，a_2，且 $a_1 < a_2$。由需求大于 0，得到关于 a 的条件范围为：$m\xi < a < \frac{1-m\xi}{2}$，计算发现 $a_1 < m\xi$ 且 $a_2 > \frac{1-m\xi}{2}$。因此，得到 $\Delta\pi_e^{F-B} < 0$，即命题 2 得证。

命题 3 的证明：结合 M 模型与 F 模型的均衡结果，可以得到

$$\Delta p_e^{M-F} = p_e^{M*} - p_e^{F*} = \frac{1}{132}(6u + 5v + 22m\xi - 17(1-2a)) \quad (17)$$

从（17）式不难得出命题 3 的结论。

命题 4 的证明：结合 A 模型与 M 模型的均衡结果，可以得到

$$\Delta D_e^{A-M} = \frac{1}{438}(46(1-2a) - 165u + 92v + \xi(657m + 73t)) \quad (18)$$

$$\Delta D_m^{A-M} = \frac{1}{438}(\xi(73t - 219m) - 16(1 - 2a) - 41u - 32v) \qquad (19)$$

从（18）式、（19）式不难得出命题 4 的结论。

11　结论与展望

当前，电商发展如火如荼。农产品这一传统的非标准化、工业化程度低、受气候影响较大的领域亦搭上了电商发展的快车道，以拼多多为代表的电商企业快速崛起，永辉超市等生鲜实体店也走上了O2O电商之路。

面对农产品尤其是生鲜农产品的物流困境，本书尝试从物流与供应链协同的角度，最大化发挥二者的合力，力图做到"产品更高质量生产、物流更高质量保障"。于是，本书考虑了物流服务不确定、免费保鲜、销售覆盖半径、三种物流决策，并提出了引入AR技术的两类决策以解决退货问题，形成了物流与供应链协调合作的方式方法。

11.1　本书结论

在考虑物流服务不确定性情形下，得出如下结论与政策建议：

（1）从供应链整体看，随着物流不确定性增加，供应链效率明显降低，说明物流不确定性加剧了供应链自身固有的双重边际效应。因此，生鲜企业供应链要更加注重物流系统的支撑，避免因为下游物流不确定性出现供应链中断。事实上，有物流服务支持的供应链更具有弹性、柔性和韧性。

（2）从供应商与零售商的博弈看，当存在物流不确定性时，供应商倾向于提供一个更低的批发价以激励零售商更多的保鲜努力。此时，在供应商主导的斯坦伯格博弈中，又分为两种情形：当物流不确定性水平较低时，基准情形（不存在物流不确定性）下供应商利润更大；而当物流不确定性超过某一阈值时，会带来正向的需求的增加从而使得供应商利润更大于基准情形。

（3）从零售商看，当产品销售期较短时，存在物流不确定时利润大于基准情形，当产品销售期较长时，基准情形利润更高。因为生鲜产品随着时间腐败变质的特征，零售商更关注产品销售期的长短区间，即收即卖的季节性产品享受了供应商较低批发价的红利、保鲜努力成本较低的红利，因此为零售商所青睐。

（4）为减少物流不确定性给生鲜供应链带来的冲击，提高供应链的效率，本书设计了生鲜零售商主导的"收益共享合同"协调供应链，并证明当零售商收益共享比例在一定范围内时，该协调契约是有效的，可以为生鲜供应链协调运营提供指导。当收益共享比例越高时，生鲜供应链效率越大且不断逼近100%，说明收益共享契约能实现供应链协调。

在考虑免费保鲜情形下，主要结论有：

（1）当消费者对生鲜产品价格和新鲜度敏感时，引入保鲜服务不仅可以降低运费和销售价格，还可以扩大需求，从而增加生鲜产品在线零售商的利润。但是，当保鲜服务费较低时，第三方物流服务商可能会因为提供保鲜服务而导致利润下降。

（2）在转移支付合同下提供免费保鲜服务可以降低销售价格，当保鲜服务费较低时，可以增加第三方物流服务商的保鲜努力水平，提高运费，扩大需求。同时，当保鲜服务费较低时，在收益共享合同下提供免费保鲜服务会提高销售价格、运费和保鲜努力水平，扩大需求。

（3）与转移支付合同相比，收益共享合同更利于激励第三方物流服务商提高保鲜努力水平。然而，这也会促使生鲜产品销售价格上涨。尽管如此，由于消费者从第三方物流服务商提供的保鲜服务中获得了更高的效用，即使收益共享合同下的价格更高，市场需求也会增加。此外，当消费者对价格的敏感度较低时，收益共享合同下的运费会更高。

在考虑销售覆盖半径情形下，本书关注到新零售场景下生鲜零售商的定价决策与生鲜电商平台的最大销售半径决策问题，通过构建由零售商与电商平台构成的社区生鲜电商二级供应链，运用Stackelberg博弈理论在考虑生鲜产品新鲜度下分析了生鲜零售商的最优定价以及生鲜电商平台的最优销售半径决策。研究发现：生鲜电商平台最优销售半径与生鲜产品初始新鲜度、产品单位配送费等因素正相关，与产品腐坏率、配送运营成本系数等因素负相关。

当电商供应链考虑引入AR技术时，本书关注了电商平台和制造商在不同合作模式下通过提高产品质量与应用AR技术以应对在线购物过程中的高退货率问题，分析了退货情境下 AR 技术的应用对产品质量水平以及定价决策的影响。结果表明：线上购物中应用 AR 技术在减少因不匹配产生的退货问题的同时也会带来的"产品质量下滑"效应，同时转售模式下产品质量下滑比代理模式下更加严重，但由于 AR 技术对减少退货损失发挥的积极作用，一定条件下 AR 技术的应用可以有效提高消费者剩余和社会福利。

当在线零售商借助 AR 技术为消费者提供"虚拟展示厅"服务时，本书基于 Stackelberg 博弈理论构建了由制造商在线直销渠道与在线零售商分销渠道构成的双渠道供应链模型，分析了消费者搭便车行为对供应链成员最优利润的影响以及在线零售商和制造商的策略博弈。研究发现：首先，消费者搭便车行为会损害在线零售商的利润，同时影响制造商与在线零售商最优利润对产品退换货率的敏感性。其次，在线零售商可以通过价格匹配策略消除消费者搭便车行为的影响，但只有在渠道竞争强度较小、产品退换货率较低时应用这一策略才有效。最后，当产品退换货率较大、渠道竞争强度较大时，制造商也有足够动力去开通虚拟展示厅服务。

11.2 未来研究展望

在我国迈入第二个百年奋斗目标的关键时期，"三农"问题亟待解决。从妇女、儿童、老人群体到新型乡贤崛起，从精准脱贫攻坚到乡村振兴，从农村公共服务均等化到农民工市民化，农村发展离不开农业发展，经济基础决定了上层建筑，因此继续探索农业高质量发展路径时不我待。

当前，世界进入了数字经济时代，以物联网、人工智能、大数据为代表的智慧决策工具层出不穷，智慧物流和智慧供应链发展跃然纸上。如何利用新型决策工具赋能农业高质量发展，以解决生鲜 O2O 发展困局？如何籍此赋能乡村振兴，实现城乡融合发展？

展望未来大农业发展，一定是高度市场化、商品化、专业化、智能化、自动化、信息化等交叉融合的产物，用工业化方式、信息化方式、自动化方式做农业是大势所趋。因此，供应链实体经济运作的方式方法如何引入农业？如何实现农业物流、信息流、资金流、商流高度协作？如何开展农业碳流测算以保护生态？这些崭新的话题等待我们去探索和解答。

参考文献

［1］Kate V, Mike L. Vested outsourcing: a better way to outsourcing ［J］. Supply Chain Management Review, 2009, 18 （9）: 20-27.

［2］京东一季度亏损近 30 亿, 618 能否成为新任 CEO 徐雷的"翻身仗"？［OL］. 网易, https://3g. 163. com/dy/article/H8KJHD300534T0DX. Html.

［3］高志军, 张萌, 邵晴晴. 第三方物流嵌入全球供应链的系统协同演化机理 ［J］. 系统科学学报, 2021, 29 （2）: 105-110.

［4］Ghare P., G. Schrader. A model for exponentially decaying inventories ［J］. Journal of Industrial Engineering, 1963, 14: 238-243.

［5］方昕. 生鲜供应链现状与发展方向分析 ［J］. 商业经理人, 2001 （9）: 45-46.

［6］李季芳. 我国生鲜农产品供应链管理思考 ［J］. 中国流通经济, 2007 （1）: 17-19.

［7］宋孟丘, 黄小庆. 基于合作社的农村电子商务发展探讨 ［J］. 商业时代, 2014 （26）: 75-77.

［8］但斌, 郑开维, 邵兵家. 基于消费众筹的"互联网+"生鲜农产品供应链预售模式研究 ［J］. 农村经济, 2017 （2）: 83-88.

［9］Cachon G. Supply chain coordination with contracts ［J］. Handbooks in Operations Research and Management Science: Supply Chain Management, 2003, 11: 229-339.

［10］但斌, 陈军. 基于价值损耗的生鲜农产品供应链协调 ［J］. 中国管理科学, 2008, 16 （5）: 42-49.

［11］颜波, 叶兵, 张永旺. 物联网环境下生鲜农产品三级供应链协调 ［J］. 系统工程, 2014, 32 （1）: 48-52.

［12］王洁. 公平偏好下生鲜农产品供应链的运作协调机制研究 ［M］.

江南大学, 2022.

[13] Mishra B K, Raghunathan S. Retailer-vs. vendor-managed inventory and brand competition [J]. Management Science, 2004, 50 (4): 445-457.

[14] Kim H S. Research note—Revisiting "Retailer-vs. vendor-managed inventory and brandcompetition" [J]. Management Science, 2008, 54 (3): 623-626.

[15] Chen F Y, Hum S H, Sim C H. On inventory strategies of online retailers [J]. Journal of Systems Science and Systems Engineering, 2005, 14 (1): 52-72.

[16] 金磊, 陈伯成, 肖勇波. 双渠道下库存与定价策略的研究 [J]. 中国管理科学, 2013, 21 (3): 104-111.

[17] 谢如鹤, 刘广海. 冷链物流 [M]. 武汉: 华中科技大学出版社, 2017.

[18] 熊懿. 生鲜农产品冷链物流销售环节风险评价与防范研究 [J]. 价格理论与实践, 2022 (11): 189-192.

[19] 王秀燕, 张宇. 新零售背景下生鲜农产品流通困局及改进策略 [J]. 商业经济研究, 2022 (12): 29-32.

[20] Leenders M R, Fearon H E. Purchasing and supply management [M]. 11th ed, Irwin, Chicago, IL, 1997.

[21] Larson P D, Halldorsson A. What is SCM? And, where is it? [J]. Journal of Supply Chain Management, 2002, 38 (4): 36-43.

[22] Stock J R, Lambert D M. Strategic logistics management [M]. 4th ed, McGraw-Hill Irwin, Boston, MA, 2001.

[23] Hoong Chuin LAU and Yam Guan GOH. An intelligent brokering system to support multi-agent web-based 4th party logistics. Proceedings of the 14th IEEE International Conference on Tools with Artificial Intelligence (ICTAI'02). Washington DC, 2002: 154-161.

[24] Weber and Charles A. A Data Envelopment Analysis Approach to Measuring Vendor Performance. Supply Chain Management. 1996, 01 (1): 28-30.

[25] Jon Bumstead and Kempton Cannons: From 4PL to Managed Supply-Chain Operations, May, 2002.

［26］吴玮，倪卫红. 第四方物流运作模式及核心竞争力研究［J］. 经济师，2005（10）：62-64.

［27］吕玉明. 供应链管理与第四方物流研究［D］. 福州：东南大学，2005.

［28］江涛涛. 论第四方物流企业价值创造的途径［J］. 供应链，2007（1）：78-79.

［29］徐章一. 基于供应链一体化的物流敏捷化实现机制研究［D］. 武汉：华中科技大学，2004.

［30］戴斌，何建敏. 基于供应链管理的传统物流的业务流程系统重组［J］. 现代管理科学，2007（4）：02.

［31］黄超、杨茜. 基于供应链管理的制造业和物流业协同合作研究［J］. 物流科技，2015（6）：97-100.

［32］杨路明，施礼. 农产品供应链中物流与电商的协同机制［J］. 中国流通经济，2019（11）：40-53.

［33］CarvalhoJ, Martins A L, Ramos T, et al. Strategic Fast Supply Demand-Chains in a Network Context：Opportunistic Practices That Can Destroy Supply Chain Systems［J］. American Journal of Industrial & Business Management, 2014, 04（3）：123-133.

［34］龚凤美，马士华. 基于 3PL- HUB 的供应链物流协同组织运作管理技术［J］. 物流技术，2008, 27（2）：85-88.

［35］Burstein M L. The economics of tie-in sales. The Review of Economics and Statistics, 1960, 42（1）：68-73.

［36］Adams W, Yellen J. 1976. Commodity bundling and the burden of monopoly［J］. The Quarterly Journal of Economics, 90（3）：475-498.

［37］Stigler G J. 1963. United States v. Loew'sInc.：A note on block-booking［J］. The Supreme Court Review, 1963：152-157.

［38］Pasternack B A, Drezner Z. 1991. Optimal inventory policies for substitutable commodities with stochastic demand［J］. Naval Research Logistics, 38（2）：221-240.

［39］刘卫华，于辉. 供应商捆绑销售策略下的供应链冲突分析［J］. 系统工程学报，2019, 34（6）：820-830.

［40］Vandermerwe S, Rada J F. Servitization of business：Adding value by adding services. European Management Journal, 1988, 06（4）: 314-324.

［41］Marceau J, Martinez C. 2002. Selling solutions: Product - service packages as links between new and old economies ［C］//DRUID Summer Conference on 'Industrial Dynamics of the New and Old Economy-who is embracing whom.

［42］Kameshwaran S, Viswanadham N, Desai V. 2009. Bundling and pricing of product with after-sale services ［J］. International Journal of Operational Research, 06（1）: 92-109.

［43］王娜, 谭力文. 双边市场: 一个概念性的文献综述 ［J］. 兰州商学院学报, 2010, 26（2）: 26-33.

［44］刘启, 李明志. 双边市场与平台理论研究综述 ［J］. 经济问题, 2008（7）: 17-20.

［45］杜洪涛. 大学科技园公共技术服务平台理论研究综述 ［J］. 中国高校科技与产业化, 2009（6）: 60-62.

［46］易法敏. 电子商务平台理论综述 ［J］. 商业研究, 2010（2）: 205-208.

［47］尚秀芬, 陈宏民. 双边市场特征的产业竞争策略与规制研究综述 ［J］. 产业经济研究, 2009（4）: 89-94.

［48］胥莉, 陈宏民, 潘小军. 双边市场特征的产业中厂商定价策略研究 ［J］. 管理科学学报, 2009（5）: 10-17.

［49］尚秀芬, 陈宏民. 双边垄断和竞争平台非对称所有权结构研究 ［J］. 系统工程学报, 2009（4）: 509-512.

［50］康定华. 论供应链稳定性的研究视角扩展 ［J］. 商业时代, 2010（12）: 18-19.

［51］于红莉, 卢文思. 供应链稳定性架构研究 ［J］. 长春大学学报, 2011（5）: 33-44.

［52］年政, 穆东. 基于马氏链的供应链稳定性评价 ［J］. 物流技术, 2007（11）: 154-157.

［53］赵晓飞, 李崇光. 心理预期对农产品供应链稳定性影响研究 ［J］. 上海管理科学, 2008（2）: 25-28.

［54］杨叶飞. 农产品供应链稳定性探究 ［J］. 现代商业, 2009（9）: 16-17.

[55] 马士华, 林勇, 陈志祥. 供应链管理 [M]. 北京: 机械工业出版社, 2000.

[56] S. M. Disney, D. R. Towill. The effect of vendor managed inventory (VMI) dynamics on the Bullwhip Effect in supply chains [J]. Production Economics, 2003 (85): 199-215.

[57] AhmadRusdiansyah, De-bi Tsao. A integrated model of the periodic delivery problems for Vendor-machine supply chains [J]. Journal of Food Engineering, 2005 (70): 421-434.

[58] Yan Dong, Kefeng Xu. Asupply chain model of vendor managed inventory [J]. Transportation Research Part E, 2002, 38 (1): 75-95.

[59] 郭海峰, 黄小原, 邱若臻. 供应商管理库存的最优购买数量和利润 [J]. 东北大学学报 (自然科学版), 2005, 26 (2): 86-189.

[60] 罗宜美, 毕明山. 基于 VMI 的供需双方利益分配模型 [J]. 工业工程, 2008, 11 (5): 110-113.

[61] 罗兵, 曾令玲. 一种考虑订货商补贴的 VMI 模型 [J]. 中国管理科学, 2008, 16 (2): 42-47.

[62] 安彤, 赵道致. 需求受促销影响下基于转移支付的 VMI 模型 [J]. 2010, 28 (12): 06-11.

[63] 朱道立, 徐庆, 叶耀华. 运筹学 [M]. 北京: 高等教育出版社, 2006.

[64] 张维迎. 博弈论与信息经济学 [M]. 上海: 上海三联书店, 1996.

[65] GHARE P M, SCHRADER G P. A model for an exponentially decaying inventory [J]. Journal of Industrial Engineering, 1963, 14 (5): 238-243.

[66] 王丽娟, 王红卫, 孙西超. 用灰色理论研究易腐农产品中合作博弈问题 [J]. 华中科技大学学报 (自然科学版), 2008, 36 (8): 31-33.

[67] 谢小良, 符卓, 杨光华. 易腐农产品物流配送中心选址优化 [J]. 广东农业科学, 2009 (5): 224-226.

[68] 杨春, 但斌, 吴庆, 等. 考虑保鲜努力的生鲜农产品零售商与物流服务商的协调合同 [J]. 技术经济, 2010 (12): 122-126.

[69] 谢如鹤, 邱祝强. 生鲜农产品供应链系统的自组织化分析 [J]. 广州大学学报 (社会科学版), 2010, 09 (2): 40-44.

[70] 徐良培, 李淑华, 陶建平. "农户+公司"型农产品供应链协同机制研究 [J]. 生态经济, 2010 (3): 88-92.

[71] 吴新生. 荷兰现代农业成功经验对黄淮四市的借鉴与启示 [J]. 湖北农业科学, 2011, 50 (10): 2152-2155.

[72] 张敏. 农产品供应链组织模式与农产品质量安全 [J]. 农村经济, 2010 (8): 101-105.

[73] 王淑云, 姜樱梅, 牟进进. 基于新鲜度的冷链一体化库存与定价联合决策 [J]. 中国管理科学, 2018, 26 (7): 132-141.

[74] 曹裕, 李业梅, 万光羽. 基于消费者效用的生鲜农产品供应链生鲜度激励机制研究 [J]. 中国管理科学, 2018, 26 (2): 160-174.

[75] 王磊, 但斌. 考虑消费者效用的生鲜农产品供应链保鲜激励机制研究 [J]. 管理工程学报, 2015, 01 (1): 200-206.

[76] Tang R, Yang L. Financing strategy in fresh product supply chains under e-commerce environment [J]. Electronic Commerce Research and Applications, 2020, 39: 100911.

[77] Liu M, Dan B, Zhang S, et al. Information sharing in an E-tailing supply chain for fresh produce with freshness-keeping effort and value-added service [J]. European Journal of Operational Research, 2021, 290 (2): 572-584.

[78] Ketzenberg M, Oliva R, Wang Y, et al. Retailer inventory data sharing in a fresh product supply chain [J]. European Journal of Operational Research, 2023, 307 (2): 680-693.

[79] Yan B, Chen X, Cai C, et al. Supply chain coordination of fresh agricultural products based on consumer behavior [J]. Computers & Operations Research, 2020, 123: 105038.

[80] Yang L, Tang R. Comparisons of sales modes for a fresh product supply chain with freshness-keeping effort [J]. Transportation Research Part E: Logistics and Transportation Review, 2019, 125: 425-448.

[81] 周永圣, 陈蕴, 卢强. 新零售背景下考虑不同类型消费者需求整合的生鲜供应链决策研究 [J]. 系统科学与数学, 2021, 41 (11): 3193-3206.

[82] 董振宁, 周雪君, 林强. 考虑保鲜努力的生鲜农产品供应链协调

[J]. 系统工程学报, 2022, 37 (3): 362-374.

[83] Dong L, Jiang P, Xu F. Impact of traceability technology adoption in foodsupply chain networks [J]. Management Science, 2023, 69 (3): 1518-1535.

[84] Ferguson M, Ketzenberg M E. Information sharing to improve retail product freshness of perishables [J]. Production and Operations Management, 2006, 15 (1): 57-73.

[85] Yang L, Tang R, Chen K. Call, put and bidirectional option contracts in agricultural supply chains with sales effort [J]. Applied Mathematical Modelling, 2017, 47: 01-16.

[86] 赵闯, 郎坤. 基于贝叶斯网络的生鲜物流风险评估 [J]. 系统科学与数学, 2020, 40 (11): 2108-2124.

[87] Cai X, Chen J, Xiao Y, et al. Fresh-product supply chain management with logistics outsourcing [J]. Omega, 2013, 41 (4): 752-765.

[88] 杨亚, 范体军, 张磊. 生鲜农产品供应链 RFID 技术投资决策及协调 [J]. 系统工程学报, 2018, 33 (6): 823-833.

[89] 叶俊, 顾波军, 付雨芳. 不同贸易模式下生鲜农产品供应链冷链物流服务与定价决策 [J]. 中国管理科学, 2023, 31 (2): 95-107.

[90] Wu Q, Mu Y, Feng Y. Coordinating contracts for fresh product outsourcing logistics channels with power structures [J]. International Journal of Production Economics, 2015, 160: 94-105.

[91] Huang Q, Hu Y. Fresh product e-tailer's optimal fresh-keeping strategy under direct sales mode [J]. JUSTC, 2022, 52 (8): 01-13.

[92] Liu C, Lv J, Hou P, et al. Disclosing products' freshness level as a non-contractible quality: Optimal logistics service contracts in the fresh products supply chain [J]. European Journal of Operational Research, 2023, 307 (3): 1085-1102.

[93] 张旭梅, 朱江华, 但斌, 等. 考虑补贴和公益性的生鲜冷链保鲜投入激励 [J]. 系统工程理论与实践, 2022, 42 (3): 738-754.

[94] 徐广姝. 基于粗糙集的电商物流服务质量评价应用研究——以生鲜电商为例 [J]. 中国流通经济, 2019 (7): 35-44.

[95] Szalavetz A. Sterilization of Manufacturing Industry in the New Econo-

my: Experiences in Hungarian Companies. Journal of Marketing, 2003, 134–135.

[96] Zheng Q, Ieromonachou P, Fan T, et al. Supply chain contracting coordination for fresh products with fresh-keeping effort [J]. Industrial Management & Data Systems, 2017, 117 (3): 538–559.

[97] 胡定寰, 俞海峰, Reardon T. 中国超市生鲜农副产品经营与消费者购买行为 [J]. 中国农村经济, 2003 (8): 12–17.

[98] Tsiros M, Heilman C M. The effect of expiration dates and perceived risk on purchasing behavior in grocery store perishable categories [J]. Journal of marketing, 2005, 69 (2): 114–129.

[99] 刘墨林, 但斌, 马崧萱. 考虑保鲜努力与增值服务的生鲜电商供应链最优决策与协调 [J]. 中国管理科学, 2020, 28 (8): 76–88.

[100] 王磊, 但斌. 考虑质量与数量损耗控制的生鲜农产品保鲜策略研究 [J]. 中国管理科学, 2023, 31 (8): 100–110.

[101] 郑宇婷, 李建斌, 陈植元, 等. 不确定需求下的冷链分销商最优决策 [J]. 管理科学学报, 2019, 22 (1): 94–106.

[102] 王磊, 但斌. 考虑质量与数量损耗控制的生鲜农产品保鲜策略研究 [J]. 中国管理科学, 2023, 31 (8): 100–110.

[103] Yan B, Chen X, Cai C, et al. Supply chain coordination of fresh agricultural products based on consumer behavior [J]. Computers & Operations Research, 2020, 123: 105038.

[104] Huang Q, Hu Y. Fresh product e-tailer's optimal fresh-keeping strategy under direct sales mode [J]. JUSTC, 2022, 52 (8): 01–13.

[105] Aviv Y, Pazgal A. Optimal pricing of seasonal products in the presence of forward-looking consumers [J]. Manufacturing & service operations management, 2008, 10 (3): 339–359.

[106] Wolak F A. Quantifying the supply-side benefits from forward contracting in wholesale electricity markets [J]. Journal of Applied Econometrics, 2007, 22 (7): 1179–1209.

[107] Ghosh D, Shah J. Supply chain analysis under green sensitive consumer demand and cost sharing contract [J]. International Journal of Production Economics, 2015, 164: 319–329.

［108］Peng J, Zhou Z. Working capital optimization in a supply chain perspective［J］. European Journal of Operational Research, 2019, 277（3）：846 -856.

［109］Shen B, Xu X, Guo S. The impacts of logistics services on short life cycle products in a global supply chain［J］. Transportation Research Part E：Logistics and Transportation Review, 2019, 131：153-167.

［110］Cai X, Chen J, Xiao Y, et al. Fresh-product supply chain management with logistics outsourcing［J］. Omega, 2013, 41（4）：752-765.

［111］Zheng Q, Ieromonachou P, Fan T, et al. Supply chain contracting coordination for fresh products with fresh-keeping effort［J］. Industrial Management & Data Systems, 2017, 117（3）：538-559.

［112］Banker R D, Khosla I, Sinha KK. Quality and competition［J］. Management science, 1998, 44（9）：1179-1192.

［113］Cao K, Gao Y. Optimal fresh agricultural products private brand introduction and sourcing strategy considering different power structures［J］. Managerial and Decision Economics, 2023, 44（07）, 3827-3845.

［114］Leng M, Zhu A. Side-payment contracts in two-person nonzero-sum supply chain games：Review, discussion and applications［J］. European Journal of Operational Research, 2009, 196（2）：600-618.

［115］网经社. 2023 年（上）中国生鲜电商市场数据报告［EB/OL］.［2023-07-23］. https://www.100ec.cn/detail--6630408. html.

［116］蒙铭友, 邓世名, 徐和. 前置仓库存容量与品类优化策略研究［J/OL］. 管理工程学报：（2024-01-12）［2024-04-08］. https://doi. org/10. 13587/j.cnki.jieem.2024. 04. 011.

［117］庄峻, 杨东. 面向生鲜电商的前置仓选址及订单履约决策优化研究［J］. 中国管理科学, 2024, 32（2）：188-198.

［118］但斌, 江小玲, 王烽权. 生鲜电商流通模式演化与服务价值创造——盒马鲜生和京东生鲜的双案例研究［J］. 商业经济与管理, 2024（1）：20-36.

［119］Yang L, Tang R, Chen K. Call, put and bidirectional option contracts in agricultural supply chains with sales effort［J］. Applied Mathematical Modelling, 2017, 47：01-16.

［120］Chen J, Dong M, Xu L. A perishable product shipment consolidation model considering freshness-keeping effort ［J］. Transportation Research Part E: Logistics and Transportation Review, 2018, 115: 56-86.

［121］潘琳, 徐夏静, 周荣庭. 博弈视角下社区生鲜食品供应链双渠道动态定价研究［J/OL］. 中国管理科学: (2024-01-12)［2024-04-08］. https://doi.org/10.16381/j.cnki.issn1003-207x.2021.1506.

［122］邵腾伟, 吕秀梅. 基于消费者主权的生鲜电商消费体验设置［J］. 中国管理科学, 2018, 26 (8): 118-126.

［123］浦徐进, 金德龙. 生鲜农产品供应链的运作效率比较: 单一"农超对接" vs. 双渠道 ［J］. 中国管理科学, 2017, 25 (1): 98-105.

［124］徐旭初, 杨威. 社区团购农产品供应链的风险识别与风险网络结构分析——以淘菜菜为例 ［J］. 中国流通经济, 2024, 38 (3): 56-66.

［125］Tang R, Yang L. Financing strategy in fresh product supply chains under e-commerce environment ［J］. Electronic Commerce Research and Applications, 2020, 39: 100911.

［126］Jiang B, Liu X, Wang C, et al. Price strategy of community fresh food e-commerce considering the heterogeneous needs of consumers and fresh quality transparency ［J］. RAIRO-Operations Research, 2023, 57 (6): 3169-3190.

［127］胡玉真, 王思睿, 左傲宇. 社区新零售背景下网格仓需求预测—配送决策迭代优化研究［J/OL］. 中国管理科学: (2024-01-13)［2024-04-08］.https://doi.org/10.16381/j.cnki.issn1003-207x.2022.1251.

［128］王磊, 但斌. 考虑消费者效用的生鲜农产品供应链保鲜激励机制研究 ［J］. 管理工程学报, 2015, 29 (1): 200-206.

［129］Liu C, Lv J, Hou P, et al. Disclosing products' freshness level as a non-contractible quality: Optimal logistics service contracts in the fresh products supply chain ［J］. European Journal of Operational Research, 2023, 307 (3): 1085-1102.

［130］Von Stackelberg H. Market structure and equilibrium ［M］. Springer Science & Business Media, 2010.

［131］Tian Y, Dan B, Liu M, et al. Strategic introduction for competitive fresh produce in an e-commerce platform with demand information sharing ［J］.

Electronic Commerce Research, 2023, 23 (4): 2907-2941.

[132] 张艳, 牟进进, 王淑云. 商超具有价格控制力的生鲜品供应链优化决策 [J]. 中国管理科学, 2023, 31 (10): 266-275.

[133] 林贵华, 黄水华, 陈拼博. 外包情形下生鲜农产品供应链网络均衡模型 [J/OL]. 系统科学学报, 2024 (4): 92-101.

[134] Zhang X, He M, Yang C. An optimal decision for the fresh food supply chain network under omnichannel context [J]. International Journal of Logistics Research and Applications, 2022: 01-42.

[135] Liu Y, Yan B, Fan J. Inventory strategy of fresh products for omni-channel supply chains [J]. Journal of the Operational Research Society, 2023: 01-16.

[136] Siriwardhana Y, Porambage P, Liyanage M, et al. A survey on mobile augmented reality with 5G mobile edge computing: architectures, applications, and technical aspects [J]. IEEE Communications Surveys & Tutorials, 2021, 23 (2): 1160-1192.

[137] Cai Y J, Lo C K Y. Omni-channel management in the new retailing era: A systematic review and future research agenda [J]. International Journal of Production Economics, 2020, 229: 107729.

[138] Jaekel B. Sephora's virtual artist brings augmented reality to large beauty audience [OL]. Luxury Daily, 2016.

http://kjglyj. ijournals. cn/ch/first _ menu. aspx? parent _ id = 20130131095400001.

[139] Archer S. Snapchat has taken a lead in one of the most disruptive areas of tech [J]. Business Insider, 2015, 01 (4): 43-52.

[140] Xu X, Hong Z, Chen Y, et al. When is it wise to use artificial intelligence for platform operations considering consumer returns? [J]. European Journal of Operational Research, 2023, 308 (3): 1188-1205.

[141] Deloitte Digital, Snap Inc. Snap consumer AR global report 2021 [R]. Snap Inc, 2021. https://www. readkong. com/page/snap-consumer-ar-saudi-arabia-report-2021-deloitte-1880641.

[142] Papagiannis H. How AR is redefining retail in the pandemic [J]. Harvard Business Review, 2020, 10.

https://hbr.org/2020/10/how-ar-is-redefining-retail-in-the-pandemic.

［143］UPS. 2019 ups pulse of the online shopper ［R］. UPS Inc, 2019.

［144］李慧文. 专访季爱军：得物 App 如何在两年内就成功落地端智能的？［N］. 今日头条, 2022. https://www. infoq. cn/article/Hjrlm4DVEhLbHw206dDe.

［145］Huang T L, Liao S L. Creating e-shopping multisensory flow experience through augmented-reality interactive technology ［J］. Internet Research, 2017, 27 （2）: 449-475.

［146］Yim M Y C, Chu S C, Sauer P L. Is augmented reality technology an effective tool for e-commerce? An interactivity and vividness perspective ［J］. Journal of interactive marketing, 2017, 39 （1）: 89-103.

［147］Smink A R, Van Reijmersdal E A, Van Noort G, et al. Shopping in augmented reality: The effects of spatial presence, personalization and intrusiveness on app and brand responses ［J］. Journal of Business Research, 2020, 118: 474-485.

［148］Rauschnabel P A, He J, Ro Y K. Antecedents to the adoption of augmented reality smart glasses: A closer look at privacy risks ［J］. Journal of Business Research, 2018, 92: 374-384.

［149］Goode M, Main K. Introduction to the Special Issue-The Brave New World: How shopping and consumption is evolving with technology ［J］. Canadian Journal of Administrative Sciences/Revue Canadienne des Sciences de l'Administration, 2020, 37 （1）: 5-8.

［150］Rauschnabel P A. Augmented reality is eating the real-world! The substitution of physical products by holograms ［J］. International Journal of Information Management, 2021, 57: 102279.

［151］杨浩雄, 顾子跃, 王浩, 等. 考虑跨渠道退货的双渠道供应链最优策略 ［J］. 中国管理科学, 2022, 30 （6）: 116-126.

［152］刘金荣, 徐琪, 陈启. 考虑网络退货和渠道成本时全渠道 BOPS 定价与服务决策 ［J］. 中国管理科学, 2019, 27 （9）: 56-67.

［153］张学龙, 吴豆豆, 王军进, 等. 考虑退货风险的制造商双渠道供应链定价决策研究 ［J］. 中国管理科学, 2018, 26 （3）: 59-70.

［154］He Y, Xu Q, Wu P. Omnichannel retail operations with refurbished consumer returns［J］. International Journal of Production Research, 2020, 58 (1)：271-290.

［155］Mandal P, Basu P, Saha K. Forays into omnichannel：An online retailer's strategies for managing product returns［J］. European Journal of Operational Research, 2021, 292 (2)：633-651.

［156］Dan B, Xu G, Liu C. Pricing policies in a dual-channel supply chain with retail services［J］. International Journal of Production Economics, 2012, 139 (1)：312-320.

［157］Ha A Y. Supplier-buyer contracting：Asymmetric cost information and cutoff level policy for buyer participation［J］. Naval Research Logistics (NRL), 2001, 48 (1)：41-64.

［158］Wang N, Li Z. Supplier Encroachment with a Dual-Purpose Retailer［J］. Production and Operations Management, 2021, 30 (8)：2672-2688.

［159］Diao W, Harutyunyan M, Jiang B. Consumer fairness concerns and dynamic pricing in a channel［J］. Marketing Science, 2023, 42 (3)：569-588.

［160］汪旭晖, 任晓雪. 退货补贴模式下零售商退货联盟战略研究［J/OL］. 系统工程理论与实践：(2023-01-19)［2023-07-19］. http://kns.cnki.net/kcms/detail/11. 2267. N.20230320. 1407. 006. html.

［161］商务部电子商务和信息化司. 2023 年中国网络零售市场发展报告［EB/OL］.(2024-01-31)［2024-01-31］. https://dzswgf. mofcom. gov. cn/ecps/sjcx.html.

［162］金亮, 郑本荣. 电商平台自营渠道引入决策：在线产品评论的价值［J］. 系统工程理论与实践, 2023, 43 (2)：469-487.

［163］国家邮政局. Appriss Retail 公布网购退货研究结果［EB/OL］. (2023-12-06)［2023-12-06］. https://www. spb. gov. cn/gjyzj/c200007/202312/5c04c7b82b514f79a5b7d0f156eaa968. shtml.

［164］UPS. 2019 UPS pulse of the online shopper［R］. Technical report, UPS, 2019.

［165］Jaekel B. Sephora's virtual artist brings augmented reality to large beauty audience［J］. Luxury Daily, 2016 (2)：11-17.

［166］Archer S. Snapchat has taken a lead in one of the most disruptive areas of tech [J]. Business Insider, 2015 (1): 24-29.

[167] Xu X, Hong Z, Chen Y, et al. When is it wise to use artificial in-telligence for platform operations considering consumer returns? [J]. European Journal of Operational Research, 2023, 308 (3): 1188-1205.

[168] Poushneh A, Vasquez-Parraga A Z. Discernible impact of augmen-ted reality on retail customer's experience, satisfaction and willingness to buy [J]. Journal of Retailing and Consumer Services, 2017, 34: 229-234.

[169] Deloitte Digital, Snap Inc. Snap consumer AR global report 2021 [EB/OL]. (2021-07-07). https://www.readkong.com/page/snap-consumer-ar-saudi-arabia-report-2021-deloitte-1880641.

[170] Papagiannis H. How AR is redefining retail in the pandemic [EB/OL]. Harvard Business Review, 2020, 07.

[171] Huang T L, Liao S L. Creating e-shopping multisensory flow experi-ence through augmented-reality interactive technology [J]. Internet Research, 2017, 27 (2): 449-475.

[172] Yim M Y C, Chu S C, Sauer P L. Is augmented reality technology an effective tool for e-commerce? An interactivity and vividness perspective [J]. Journal of interactive marketing, 2017, 39 (1): 89-103.

[173] Smink A R, Van Reijmersdal E A, Van Noort G, et al. Shopping in augmented reality: The effects of spatial presence, personalization and intrusive-ness on app and brand responses [J]. Journal of Business Research, 2020, 118: 474-485.

[174] Rauschnabel P A, He J, Ro Y K. Antecedents to the adoption of augmented reality smart glasses: A closer look at privacy risks [J]. Journal of Business Research, 2018, 92: 374-384.

[175] Goode M, Main K. Introduction to the Special Issue-The Brave New World: How shopping and consumption is evolving with technology [J]. Canadi-an Journal of Administrative Sciences/Revue Canadienne des Sciences de l'Administration, 2020, 37 (1): 5-8.

[176] Rauschnabel P A. Augmented reality is eating the real-world! The substitution of physical products by holograms [J]. International Journal of Infor-mation Management, 2021, 57: 102279.

［177］Ma Y, Zhang C, Li Y. Strategies for the retail platform to counteract match uncertainty: Virtual showroom and return or exchange policy ［J］. Computers & Industrial Engineering, 2023, 176: 108832.

［178］Gallino S, Moreno A. The value of fit information in online retail: Evidence from a randomized field experiment ［J］. Manufacturing & Service Operations Management, 2018, 20（4）: 767-787.

［179］Zhang T, Li G, Tayi G K. A strategic analysis of virtual showrooms deployment in online retail platforms ［J］. Omega, 2023, 117: 102824.

［180］李建斌, 朱梦萍, 戴宾. 双向搭便车时双渠道供应链定价与销售努力决策 ［J］. 系统工程理论与实践, 2016, 36（12）: 3046-3058.

［181］周建亨, 赵瑞娟. 搭便车效应影响下双渠道供应链信息披露策略 ［J］. 系统工程理论与实践, 2016, 36（11）: 2839-2852.

［182］Mehra A, Kumar S, Raju J S. Competitive strategies for brick-and-mortar stores to counter "showrooming" ［J］. Management Science, 2018, 64（7）: 3076-3090.

［183］王玉燕, 高俊宏, 孙煜林等. 基于搭便车引发需求转移和质量感知的双渠道供应链服务与定价研究［J/OL］. 中国管理科学:（2024-01-12）［2024-03-03］. https://doi.org/10.16381/j.cnki.issn1003-207x.2023.1080.

［184］Gao F, Su X. Online and offline information for omnichannel retailing ［J］. Manufacturing & Service Operations Management, 2017, 19（1）: 84-98.

［185］Jiang J, Kumar N, Ratchford B T. Price-matching guarantees with endogenous consumer search ［J］. Management Science, 2017, 63（10）: 3489-3513.

［186］Desai P S, Krishnamoorthy A, Sainam P. "Call for Prices": Strategic implications of raising consumers' costs ［J］. Marketing Science, 2010, 29（1）: 158-174.

［187］Shang W, Cai G. Implications of price matching in supply chain negotiation ［J］. Manufacturing & Service Operations Management, 2022, 24（2）: 1074-1090.

［188］胡劲松, 纪雅杰, 马德青. 基于消费者效用的电商供应链企业的产品质量和服务策略研究 ［J］. 系统工程理论与实践, 2020, 40（10）:

2602-2616.

　　[189] 孙自来, 王旭坪, 詹红鑫等. 考虑顾客新旧产品偏好的制造商多产品线上渠道运营策略选择 [J]. 系统工程理论与实践, 2021, 41（8）: 2076-2089.

后 记

物流与供应链管理是我长期以来坚持学习和研究的领域。供应链、产业链、价值链是一根长长的链条，通过契约链接全世界。从基本的多赢理念到市场成长性预期，再到价值观和企业文化对接，这根链条在市场竞合关系中发挥了巨大的作用。因此，有专家说，现在是链链竞争的时代。

网购诞生以前，供应链发挥着巨大的作用，跨国代理、省市代理、县乡村代理，一级级像金字塔的台阶式样，在市场经济中发挥着稳定器的作用。供应链逐渐演变为一个核心企业与无数节点深度绑定的科层结构。然而，网购打破了这一切。自网购诞生以来，物流被推向了前台，其作用凸显，使得供应链的作用被削弱。电商第一次有了三方评价：评厂家、评分销商、评物流公司。

事实上，每一笔业务的达成都是供应链成员（供应商、制造商、分销商）与物流服务商默契配合的结果。不同的是，由于客户需求、产品保质期、包装要求的迥异，有些产品需要高度协同、快速送达；有些产品时效性不高，可以与其他货物搭配送达，于是物流公司推出了6小时送达、12小时送达、当日达、次日达等不同的套餐服务。

生鲜农产品非常典型。自从与电商渠道合作，企业就很难盈利。货损高、时效性强、保鲜度下降等等一系列难题在路上等待着。有一个相似的领域叫外卖，然而外卖没有运输环节，只有配送环节，短距离是其典型特征。生鲜农产品由于区域性强、季节性强的特征，必须依靠物流与供应链的高度协同才能完成。

应该如何做？

本书考虑了三种典型情形：一种是物流服务不确定性较高，比如物流中断；一种是平台要求物流环节提供免费保鲜服务；一种是物流公司考虑覆盖半径的情形。本书旨在发现三种情形下不同的激励相容机制，从而通过契约的设定实现既定目标，解决物流难题。最后，本书研究了电商供应链中引入 AR 技术对产品质量与社会福利的影响，发现 AR 技术对减少退货损失发挥了积极作用，一定条件下 AR 技术的应用可以有效提高消费者剩余和社会福利。同时，采用 AR 技术设计的虚拟展示厅拓展了在线双渠道，论述了消费者搭便车行为及其影响。

物流与供应链管理是一个亟待开拓、具有挑战、需要创新的领域。我常常思考：供应链的主导者就像一个母亲，管理着很多孩子，有一天大家各自分家出去了，过上了自我决策、自负盈亏的专业化生活，但只要链主在家就还在，大家还是一个团体，要做到"兄弟分家不分心"，大家齐心协力就可以把大家庭的事业做好。

感谢广东省哲学社会科学规划项目（GD20CGL24）、广东省重点建设学科科研能力提升项目（2022ZDJS097）的支持！

感谢我的硕士生卢义桢同学为本书提出很好的建议，感谢我的硕士生宋凌凤、范香汝同学为本书做的校对工作，感谢西南财经大学出版社为本书出版做出的努力！

感谢我的妻子和孩子，在各自繁忙的工作、学习之余，感谢你们给予我无私关怀和鼎力支持！

由于作者本人能力有限，书中难免会有错误、错漏或不足之处，请各位读者批评指正。本书文责自负。

刘卫华

2024 年 9 月于广州